ヘーゲル『精神現象学』の世界

G.W.F.Hegel
Phänomenologie des Geistes

溝口龍一郎

YUKENSHA

ヘーゲル『精神現象学』の世界

溝口龍一郎

目次

第二章　自己意識

第三章　理性

第四章　精神

第五章　絶対知

『精神現象学』の著者　ヘーゲル

ゲオルク・ヴィルヘルム・フリードリヒ・ヘーゲル（一七七〇～一八三一）

一、生涯

一七七〇年、南ドイツのシュトゥットガルトに生まれた。

一七八八年、テュービンゲン神学院に入学し、詩人のヘルダーリン、哲学者のシェリングとともに学ぶ。在学中に起きた「フランス革命」に共鳴し賛美した。

神学院を卒業すると、スイスなどで家庭教師をした後、イェーナ大学の私講師（無給の講師）、新聞編集者、ニュールンベルクのギムナジウム（大学準備教育を目的とした中等教育機関）の校長、ハイデルベルク大学教授を経て、ベルリン大学の哲学教授となる。

一八三一年死去。

二、業績

ヘーゲルは、カントの精神を継承し、その体系化を目ざすとともに、フィヒテ、シェリングらとの論争を通じて、いわゆる「ドイツ観念論」を完成した。

「ドイツ観念論」は、古典哲学の完成という側面とフランス革命後の近代の思想的出発点という側面との二面性をもった現代思想の母胎であると言われている（『岩波　哲学・思想事典』）。

主な著作としては、『精神現象学』、『大論理学』、『エンチクロペディー』、『哲学史講義』、『美学講義』、『法哲学』、『宗教哲学講義』、『歴史哲学講義』などがある。

三、影響

ヘーゲルの学説は、その後の多くの学者、思想家、作家などに影響を与えた。

例えば、ステュアート・ミル、マルクス、レーニン、キルケゴール、ニーチェ、サルトルなど、日本の哲学者では、西田幾多郎、田邊元、和辻哲郎などが挙げられる。

哲学の分野以外で、日本の場合に注目すべきは、夏目漱石と丸山眞男であろう。漱石は、大学時代に、ヘーゲルの『精神現象学』を原文で読んで『老子の哲学』という論文を書いた。

小説『三四郎』の中に、三四郎が大学の図書館で借りた本の表紙の裏側にヘーゲルを称える書き込みがあるのを見て、「余程ヘーゲルの好きな男と見える」と述懐する個所がある。

戦後日本を代表する政治思想家・丸山眞男は、東大法学部の助手時代に、「ヘーゲル『精神現象学』を熟読」（『丸山眞男集』別巻「年譜」）した。

ヘーゲルの影響について北大教授の權左武志氏は、

「すでに戦中に執筆した初期の荻生徂徠論で、ヘーゲルの弁証法を徳川期儒学史に適用し、林羅山から、荻生徂徠の古学を経て、本居宣長の国学に至る朱子学の受容過程を統一的に解釈していた。

「正統と異端」研究を集約した晩年の論文でも、ヘーゲルの論理を適用し、様々な世界宗教における正統と異端の類型区分を行っている」（『ヘーゲルとその時代』）。

ロシア革命（一九一七年）を指導したレーニンは、ヘーゲルを熱心に研究したことで知られている。第一次世界大戦の最中、亡命先のスイスのベルンで、ヘーゲルの論理学や哲学史などを深く読み込んで、詳細な読書ノート（『哲学ノート』）を残している。

ヘーゲルが分かっていなければ、革命運動の精神的支柱であったマルクスの思想を本当に理解することはできないと確信していたレーニンは、ソ連共産党の幹部にヘーゲルを学習することを命じた。

スターリンも、レーニンの指示に従ってヘーゲルを読み始めたが、さっぱり分からない。

そこで、ヘーゲル哲学の権威を家庭教師に雇った。

しかし、それでも付いて行けず、スターリンは、数ヶ月でヘーゲルを投げ出してしまった。

スターリンには、「ドイツ観念論哲学への永遠の憎悪だけが残った」（『知られざるスターリン』ジョレス・メドヴェージェフ他）。

スターリンが、ヘーゲルを真面目に勉強していたら、世界の歴史は変わっていたかもしれない。

はじめに

一、『精神現象学』とは

ヘーゲルの『精神現象学』は、精神が、感覚的確信という単純な段階から諸々の経験を経て、自分が精神であることを自覚する最高の段階へと成長していく「物語」であるとともに、精神の本質が、世界（とくに西欧）の歴史において、どのように展開して行ったかという「物語」である。

二、『精神現象学』の方法と立場

（一）「弁証法」という考え方

不幸なことに、ヘーゲル（の哲学）は難しいという「定評」がある。

その原因は、悪文と言われるヘーゲルの文章の分かりにくさにあることは否定できないが、それよりも、ヘーゲル哲学の「世界観」とも言うべき「弁証法」という考え方が我々には馴染みが薄いことにあると考えられる。

我々は、日常において話をしたり文章を作成する際には、辻褄が合う（「矛盾」しない）ことに心がけるものであるが、「弁証法」は、「矛盾」や「対立」を積極的に活用して認識を深めたり事物の運動を捉えようとする考え方である。

『広辞苑』（岩波書店 第七版）によれば、「意見（定立）と反対意見（反定立）との対立と矛盾の働きが、より高次な発展段階（総合）の認識をもたらすと考える哲学的方法」が「弁証法」である。

広い意味での「弁証法」の歴史は、古代ギリシャにまで遡るが、ヘーゲルの「弁証法」は、カントの『純粋理性批判』の「弁証論」（「弁証法」も「弁証論」も、ドイツ語では「ディアレクティック」であるが、明治時代の学者が区別して訳したらしい）に深く関係していると言われる。

a、カントの「弁証論」

カントは、主著である『純粋理性批判』（一七八一年初版）を執筆した目的について、その序文にこう記した。

理性の正当な要求については理性を擁護し、逆にすべての根拠のない僭越はこれを、力ずくの命令によってでなく、理性の永遠不変の法則にしたがって拒絶することができるような一つの法廷を設けることを、理性に対して要求するものである。

そしてこの法廷こそ純粋理性の批判そのものにほかならないのである。（高峯一愚 訳 河出書房新社 18頁）

「弁証法」との関わりが深いのは、この著作の「第二部門 超越論的弁証論」である。

ここでは、伝統的な形而上学のテーマである「世界」、「自由」、「神」などが取り上げられて、それぞれのテーマについて理性が自己矛盾に陥る、言い換えれば、「二律背反」（アンチノミー）に陥ることが明らかにされるのである。

例えば、世界は空間的・時間的に有限であるとする命題と世界は空間的・時間的に無限であるとする命題とが存在し、互いにその正しさを主張して対立しているのであるが、ここにおいてまさに、理性自身が自己矛盾に、二律背反に陥っているのである。

だが実は、これらの矛盾は見かけ上の矛盾でしかなく、カントはいろいろな仕方でその解決を図るのであるが、ここで我々の関心はそこにはなく、ヘーゲルの弁証法との関係にあるのであるから、この問題はこのくらいにとどめよう。

b、カントの「弁証法」

ヘーゲルに戻る前に、カントにもヘーゲルとつながる「弁証法」の発想があったことを指摘しておきたい。

元来、誰でも否定を考えるにあたって、それに対立する肯定をその根底におかなくては、これを明確に考えることはできない。

生来盲目の人はどうしても闇という表象をつくることはできない。光というものを持たないからである。

未開人は貧乏というものを知らない。富裕ということを知らないからである。無学者は自分の無学を知らない。学というものを知らないからである。

（注）天文学者の観察と計算とはわれわれに多くの驚嘆すべきことを教えたが、その最も重要なことは実に、それがわれわれに無知の深遠を知らしめたことである。

天文学の知識を与えられなかったら、人間の理性は到底、この無知の深遠をこれほど大きく思い浮かべることはできなかったであろう。そしてこの無知の深遠への深い考察が、われわれの理性使用の究極意図を規定する上に、大きな変革をもたらすに相違ないのである。（前掲書　高峯一愚 訳　391頁　一部表記変更）

c、ヘーゲルの「弁証法」

ヘーゲルは、カントの「二律背反」（アンチノミー）について、『エンチクロペディー』（一八三〇年）においてこう記している。

注意されるべき肝腎なことは、（カントの）アンチノミーはたんに宇宙論から取られた四つの特殊な対象のうちのみならず、むしろあらゆる種類のあらゆる対象のうちにも、あらゆる表象、概念および理念のうちにもあるということである。このことを知り、対象をこの性質において認識することは哲学的考察の本質的なものに属する。この性質が後ほど論理的なものの弁証法的契機として規定される当のものをなすのである。（『ヘーゲル全集Ⅰ』　真下信一・宮本十蔵 訳　岩波書店　169頁）

また、対立や矛盾について、こう言っている。

肯定的なものと否定的なものというと、そこに何か絶対的な区別があるように人は思う。しかし両者はそれ自体において同じものなのであって、それゆえに肯定的なものはまた否定的なもの、逆にまた同じく否定的なものも肯定的なものとよばれてもよいわけである。

だからまた財産と負債は二つのそれぞれそれだけで成り立っている別種の財産なのではない。

債務者である一方の側にあっては否定的である当のものは債務者である他方の側にあっては肯定的なものである。

また同様に東へ行く道の場合でもそれは同時に西へ行く道でもある。

そういうわけで肯定的なものと否定的なものは本質的に相互に条件づけ合っているのであって、ただそれら相互の関係のうちにのみある。

磁石における北極は南極なしには存在しえないし、南極は北極なしにはありえない。磁石を断ち割れば、一方の破片に北極が、他方のそれに南極があるわけではない。

また同様に電気の場合でも陽電気と陰電気の二つの違った、それぞれそれだけで存立している流動体ではない。

対立においては総じて区別されたものは自己にたいしてたんに一つの他者をもつのではなく、自己の他者をもつのである。

普通の意識は区別されたものどもを相互に無関係と見なす。そのようにして人は「私は人間であって、私のぐるりには空気、水、動物その他、総じて他のものがある」と言う。そうなると何もかもばらばらになる。

これに反して哲学の目的は諸事物の無関係性を排除して、それらのものの必然性を見てとるところにあるのであって、この見方においては他者はそれの他者に対立したものとしてあらわれる。（前掲書　３２１〜３２２頁）

またヘーゲルは、『精神現象学』(一八〇七年)以前の論文である『フィヒテとシェリングの哲学体系の差異』(一八〇一年)において、既に「二律背反」(アンチノミー)に言及していた。

分裂こそ、哲学の要求の源泉

固定化された諸対立を止揚することこそ、まさしく理性の唯一の関心事なのである。

二律背反、すなわち自己自身を止揚する矛盾も、知と真理の最高の形式的表現となるのである。

(村上恭一 訳 平凡社 31、34、63頁)

弁証法的思考とは具体的にどのようなものであるかは、この『精神現象学』自体が弁証法的思考を具体化したものであるから、これから『精神現象学』を読み進むうちに自ずと明らかになってくるはずである。

(二) いわゆる「観念論」ではなく「実在論」的立場

「観念論」は、事物の存在とその在り方は、その事物についての観念によって規定されるという考え方である。

「観念論」は、事物は主観の認識とは独立にそれ自体で定まった在り方をしているとする「実在論」と対立する(『岩波 哲学・思想事典』)。

ヘーゲルは、「ドイツ観念論」を完成した者であると言われており、確かに自らも、『精神現象学』において、「自己意識は、現実に対して観念論の態度をとる」(本書第三章「理性」H(63))と言っている。

しかし同時に、「存在するもの、あるいは、それ自体で(客観的に)あるものが存在するのは、それがただ意識に対してある限りにおいて存在するのであり、意識に対してあるものもまた、それ自体として（客観的に）もある」と言う（本書第三章Ｈ（64）、傍点筆者）。

ヘーゲルの研究者として名高い、フランスの哲学者アレクサンドル・コジェーヴは、ヘーゲルの「絶対的観念論」（『エンチクロペディー』第四五節の補説）について、こう言っている。

ヘーゲルの絶対的観念論は、通常「観念論」と呼ばれているものとは何の関係もない。通常の意味でこの種の用語を用いるならば、ヘーゲルの体系は「実在論的」であると言わなければならない。（『ヘーゲル読解入門』上妻精 他 訳　国文社　２２４頁）

ロシア革命の指導者レーニンがヘーゲルを熱心に研究したことは前述した。宗教学者の中沢新一氏は、レーニンは同時代のマルクス主義者の語る「唯物論」よりも、ヘーゲルの観念論の方が唯物論的であると考えたのではないかと言う（『はじまりのレーニン』）。確かにレーニンは、『哲学ノート』にこう書いている。

愚かな唯物論よりも賢明な観念論の方が賢明な唯物論に近い。より正しく言えば、賢明な観念論とは弁証法的な観念論であり、愚かな唯物論とは、形而上学的な、発展のない、生命のない、生硬な、運動のない唯物論である。（『哲学ノート』岩波文庫（下）77頁）

更にレーニンは、ヘーゲルの絶対的観念論は、部分的には唯物論へ転化しているとさえ言うのである。

客観的観念論は（そして（ヘーゲルの）絶対的観念論はいっそうそうだが）まがりくねり（そしてとんぼかえりをうって）唯物論のすぐ近くへ近づき、部分的には唯物論に転化している。（前掲書（下）81頁）

そして中沢氏は、『はじまりのレーニン』第三章「ヘーゲル再発見」において、こう断定する。


ヘーゲルの体系は、まったく「実在論」的なのである。

物自体の実在について何も語ろうとしないカントや、物を知覚の複合としてとらえるヒュームやマッハの思想が観念論であるという意味では、ヘーゲルはまったく観念論的ではない。

それは、主観の外の実在を、堂々と語り出そうとする。

ヘーゲルの哲学は、ほれぼれするほどに「実在論」的なのである。（岩波現代文庫　二〇〇五年）

筆者も、ヘーゲルの哲学は、「実在論」的であると理解している（本書H（34））。

凡例

一、本書は、『精神現象学』を精神の成長物語として理解するために、本文から必要最小限の文章をピックアップし、それに筆者の補足説明等を加えたものである。

二、本書のベースとなるヘーゲルの文章（H（　）と表示）は、ズールカンプ社版ヘーゲル全集第三巻『精神現象学』（第五版一九九六年）を、筆者が翻訳したものである。

三、翻訳に際しては、直訳を心がけたが、意味が分かりにくい場合は、先達の訳書も参考にしながら、意訳したり、（　）を用いて補足の説明を加えることとした。

四、ヘーゲルの文章を引用する際には、原文に厳密に忠実であることには拘らなかった。例えば、ヘーゲルの文章は、長い上に「くり返し」や「言い換え」が多く、かえって意味が不明瞭になっていることもあるので、引用するときに、「くり返し」や「言い換え」を避けたり、一部省略して引用するときは、文意を損なわない範囲において前後をつないで「中略」などの表記はしないこととした。
分かりにくいヘーゲルの文章を、できるだけ分かり易く工夫したつもりである。

五、引用文の末尾には、その引用文に該当するズールカンプ社版『精神現象学』の頁数を示した。

六、Mと表示した部分は、筆者による注釈、解説、補足、感想などである。

序論

（哲学の歴史は真理をめざす道程）

Ｈ（１）（哲学の歴史を植物の成長にたとえると）蕾は花が出現すると消失する。そこで、蕾は花によって否定されるということができるだろう。同じように、果実によって花は植物の偽の存在だと宣告されるのであり、植物の真理として果実が花にとって代わる。

これらの形式は、ただ互いに区別するだけでなく矛盾するものとして互いに他を排除する。しかしながら、これらの形式の流動的な本性が同時にこれらの形式を有機的な統一の諸契機とするのであるが、この統一において、これらの形式は、ただ矛盾しないだけでなく、一方は他方と同等に必然的であり、この同等の必然性が初めて全体の生命を構成するのである。（12）

（ヘーゲル哲学の核心）

Ｈ（２）真なるものを、ただ「実体」（確固として存在するもの）として把握し表現するだけでなく、「主体」（自己同一性を保ちつつ自己を実現する活動をするもの）としても把握し表現すること。（23）

（真なるもの）

H（3）真なるものとは、自己自身と成ることである。

それは、自己の終わりを目的として前提し、それを始めとして持つ。

そして、実行することによってのみ（前提していた）終わり（目的）が現実化するような円環である。（23）

（真なるものは「絶対者」）

H（4）真なるものは、全体である。

しかしながら、全体は、自己を展開することによってのみ完全になる実在である。

「絶対者」については、それは本質的に結果であること、終わりになって初めて実際にあるところのものになることであると言われなければならない。

まさにこの中にこそ、現実的なものであり、主体であり、自己自身になることであるという「絶対者」の本性が存在する。（24）

（『精神現象学』が叙述するもの）

H（5）この『精神現象学』が叙述するものは、知の生成（過程）である。

最初にあるような知、言い換えると直接的な精神は、精神を欠くものであり、感覚的意識である。

本来の知に成るためには、言い換えると学の純粋な概念そのものであるような学の場を生みだすためには、知は長い道程を通じて働きつづけなければならない。（31）

（精神の力）

Ｈ（６）精神の生とは、死を前にして尻込みし荒廃から純粋に身を守る生ではなく、死に耐え死の中で自分を保つ生である。

精神は、絶対の分裂状態において、自分自身を見いだすことによってのみ真理を獲得するものである。

精神のこの威力は、我々が何かあることについて、これは何ものでもないあるいは偽であると言い、今やそれを終わりにし、そのことから離れて何か別のことに移っていくことがあるが、そのように否定的なものから目をそらすところの肯定的なものではない。そうではなくて、精神がこのような威力であるのは、否定的なものを直視し、否定的なもののもとに留まることによってのみ、そうなのである。この否定的なものを存在（肯定的なもの）に変える魔法の力なのである。

この魔法の力こそ、先に主体と呼ばれたものと同じものである。（36）

（意識の二つの契機）

Ｈ（７）精神の直接的な定在である意識は、知と知にとっては否定的な（対立する）対象性という二つの契機を持つ。（38）

（意識と経験）

Ｈ（８）意識は、自分の経験のうちにあるもの以外は知らないし、理解しない。（38）

（精神の運動である経験）

Ｈ（９）精神は対象となるものである。

なぜならば、精神は、精神にとっての他者すなわち精神自身の対象となり、この他的存在をアウフヘーベン（「止揚する」とか「廃棄する」とかと和訳され、否定と保存を意味するドイツ語。Ｈ（28）参照）するという運動のことだからである。

まさにこの運動こそ、「経験」と呼ばれるものであるが、この運動においては、直接的なもの、未経験のもの、すなわち抽象的なものは、それが感覚的存在であろうと、あるいは思考されただけの単純なものであろうと、自己を疎外（外化）し、次いでこの疎外から自己に還帰し、このようにして初めて、現実的なものとして、真理として表され、同様にまた意識の所有物となるのである。（39）

（知と対象との分離の克服＝絶対知の成立＝精神の現象学の完結）

Ｈ（10）意識の中で、自我（知）とその対象である実体との間に生じる不等（不一致）は、両者の区別であり、否定的なもの（対立する関係にあるもの）一般である。

この否定的なもの（対立関係）は、両者の魂であり、両者を動かすものである。

ところで、この否定的なものは、最初は自我と対象との不等として現れるが、否定的なものは、実体の自己自身との不等でもある。

（なぜならば）実体の外部で起こるように見えるもの、実体に対して向かってくる働きであるように見えるものも、（先述のとおり、ヘーゲルは実体を主体としても把握するので）実は、実体自身の行為なのである。

こうして、実体は、自分が本質的には主体であることを示すのである。実体が自分は主体であることを完全に示したことによって、精神は自分の定在を自分の本質に一致させたのである。つまり精神は、自分があるがままの対象となり、直接性や知と真（対象）との分離という抽象的な領域は克服されているのである。存在は絶対的に媒介されている（他のものと関係して存在している）のである。存在は、実体的内容であり、同様に、自我の直接的所有であり、自己的であり、すなわち概念（主体）である。

これをもって、精神の現象学は完結する。（39）

緒論

（魂が精神へと純化する道程）

H（11）（本書の）この叙述は、真なる知に執拗に迫っていくところの自然的意識の道程として考えることができる。言いかえると、魂が、その本性によって予め設けられている駅々としての魂の一連の諸形態を遍歴していき、その結果、魂が自分自身を完全に経験することを通して、本来の自分自身が何であるかという認識に到達することによって、精神へと純化する道程であると考えられる。（72）

（懐疑主義の道程）

H（12）自然的意識は、この道程で、自分が真理を喪失するので、この道程は、「絶望の道程」である。

また、この道程は、現象する知が真理でないことを自覚的に洞察する道程である。

だから、この道程は、徹底的に遂行される「懐疑主義」である。（72）

（自然的生命と意識）

H（13）（動物や植物のように）自然的生命に制限されるものは、自分自身によって自分のそのままの定在を超えていくことができない。

意識は、自覚的に自分の概念である（自分が主体的に行動することができることを知っている）ので、制限されたものをすぐに超えていく。

この制限されたものは、意識に属しているので、超えていくことは、自分自身を超えていくことである。（74）

（知と真理）

H（14）（「知」とは何か、「真理」とは何かについて考えてみると）意識は、「あるもの」を自分から区別すると同時に「あるもの」に関係する。

このことは、「あるもの」が意識に対面してあるとも言い表される。

そして、「あるもの」が意識に対面してあるという側面が「知」である。しかしながら我々は、他者（意識）に対面しているという在り方から「あるもの」それ自体としての在り方を区別する。

「知」（意識）に関係づけられるものは、関係づけられると同時に知から区別されて、この関係の外にもまた存在するものとして設定される。

そして、この、それ自体という側面が「真理」と呼ばれるのである。（76）

（知を吟味する尺度）

H（15）（前述した）「真理」が、意識の「知」を吟味するための尺度である。（77）

（吟味とは）

H（16）我々が一般的な用語法によって「知」を「概念」と呼び、実在あるいは「真理」を存在するものまたは「対象」と呼ぶとすれば、「吟味」とは「概念」が「対象」に一致するかどうかを見ることである。しかしながら（ヘーゲルの用語を使って）実在（対象の本質）あるいは「対象」の自体存在を「概念」と呼び、「対象」という語の下に「対象」としての「対象」を他者（意識）に対面している「対象」と理解するならば、「吟味」とは「対象」が「概念」に一致するかどうかを見ることである。

両者は同一のものであるが、大切なことは、次のことを、この『精神現象学』の研究の全過程において銘記することである。

概念と対象、尺度と吟味されるものは、意識自身の中に現存しているのであるから、我々は、尺度と吟味されるものという両者を比較する労苦や、本来の吟味を行う労苦からも解放されており、意識が自分自身を吟味するのであるから、我々には、純粋に見ることだけが残っているということである。（77）

（意識の二重性）

H（17）意識は、一方では対象についての意識であるとともに、他方では自己自身についての意識でもある。

意識は、意識にとって真理であるものの意識であるとともに、真理についての自分の知の意識でもある。（77）

（意識の「経験」）

H（18）対象と知の両者は、同一の意識に対して存在しているので、この意識自身が両者を比較するのである。

つまり、対象についての意識の知が対象に一致するかしないかということが、同一の意識に対して生ずるのである。

一般に、意識がある対象について知るというまさにそのことの中には、あるものが、意識にとって自体存在であるという契機と知すなわち対象の意識にとっての存在という他の契機があるという区別が既にある。

吟味は、現にあるこの区別に基づいて行われるのである。

この比較において両者が一致しないときには、意識は知を対象に一致させるために、自分の知を変えなければならないように見えるが、しかし知が変わることによって、実際には対象自身も意識に対して変わるのである。

なぜならば、現にある知は、本来この対象についての知であったからである。

つまり、知とともに対象もまた他の（新しい）対象となるのであるが、それは、変化するこの対象が本来変化するこの知に属していたからである。

したがって、かつては、その意識にとって自体存在であったものが、今では自体ではなく、言い換えれば、それは、その意識に対して自体であったにすぎないことが意識に自覚されるようになる。

したがって、意識が自分の知と対象が一致しないことを知ることによって、対象自身ももちこたえられなくなる。

吟味の尺度は、それによって吟味されるはずであったものが、吟味において合格しないときには、吟味の尺度は変わるのである。

吟味は、知の吟味であるだけでなく、吟味の尺度の吟味でもある。

意識が、自分の知についても、その対象についても行うこの弁証法的運動は、その運動の結果として、新しい対象が次の段階の意識の真理として生ずる限りにおいて、真の「経験」と呼ばれているものである。(78)

(普通の意味の「経験」)

H(19)(普通に「経験」という言葉を使うのは、次のような場合である。)

我々が最初に対象にしたものの概念(理解)が真理に反していることが分かるのは、偶然に出会った別の対象において、最初の「経験」とは異なる「経験」をするときである。

しかしながら、この「経験」は、最初の対象とは無関係にそれ自体で存在している別の対象をただ純粋にとらえるだけであると考えられている。(79)

(『精神現象学』は「意識の経験の学」)

H(20)(意識は「経験」によって)最初に対象として現れたものが、意識のために対象についての知へと引き下げられ、自体存在とされたものが、その自体存在の意識にとっての存在に変わることによって、この自体存在が新しい対象となる。

それによって、先行した対象とは別のあるものを自己にとっての実在とする意識の新しい形態が登場する。このような事情こそが、意識の形態の全系列をその必然性において導いていくものである。

ただ、この必然性自身、言い換えれば、新しい対象の生成は、意識には知られることなく現れてくるのであるが、我々（哲学者）から見れば、言わば、意識の背後で起こっていることである。このために、意識の運動の中に、自体存在あるいは我々に対する存在という契機が入ってくるが、この契機は、「経験」自身の中に没頭している意識に対しては現れてこない。

この生成したものは、意識に対してはただ対象としてあるにすぎないが、我々に対しては、同時に、運動及び生成としてもあるのである。

このような必然性によって、学へのこの道程そのものが既に学であり、したがって、学の内容に関して言えば、この道程は、意識の経験の学なのである。（80）

第一章　意識

第一章　意識

一、感覚的確信

（一）自我（知）と対象

H（21）感覚的確信は、その内容が具体的であるので、最も豊かな認識、いや無限の豊かさをもつ認識であるように見える。

なぜならば、感覚的確信は、対象から何も取り除くことなく、対象を完全な姿においてとらえるからである。しかしながら、実際においては、この確信は、最も抽象的で、最も貧弱な真理であることを自分自身で表明している。

この確信は、自分が知っているものについて「それが存在する」と言うにすぎない。

また、意識は、ただ純粋な自我（私）としてあるにすぎない。

言い換えると、この確信においては、自我はただ純粋な「このひと」にすぎず、対象もまた「このもの」にすぎないのである。

感覚的確信においては、自我も物も多様な媒介をもつものという意味をもっていない。

物はただ存在する。そして、それは存在するから存在するのである。この純粋な存在、言い換えると、この単純な直接性こそ感覚的確信を成すものである。

しかしながら、自我としての「このひと」と対象としての「このもの」という区別について我々

（哲学者）が反省してみると、どちらも感覚的確信においては、単に無媒介であるだけでなく同時に媒介されているということが分かる。

自我がこの確信をもつのは他者である物を介してであり、物が確信されるのは他者である自我によってである。

この確信においては、物（対象）は単純に直接的に存在するもの、本質として定立されており、自我は非本質的なもの、媒介されたもの、自体的には存在せず、他者を介して存在するものとされている。

自我は、一つの「知」であり、「知」とは対象が存在するときにだけ対象を知るものであるから、「知」は存在することも存在しないこともあるものである。

対象は、存在するものであり、真理であり、本質である。

対象は、自我によって知られるか否かに関係なく存在するものである。しかるに、「知」は対象が存在しないときには存在しないものである。（83～84）

（二）感覚的確信の真理

H（22）（次に、感覚的確信が対象をどのようにとらえているか見ることにしよう。）

感覚的確信に対して「今とは何か」と質問し、例えば「今は夜である」と答えたとしよう。この感覚的確信の真理を検討するには、簡単な試みをすれば十分である。この真理を書きとめるのである。

そして次の日の昼である今に、この書きとめておいた真理をもう一度見るのである。

そうすると、「今は夜である」という真理は気の抜けたものとなっていることが分かる。したがって、「今は夜である」とされた「今」は書きとめられることによって保存される。「今」は、言われたままのものとして、存在するものとして取り扱われる。しかし、次の日の昼になってみると、その「今」はむしろ存在しないものであると判明する。それでも確かに「今」自身は保たれているが、しかしそれは、夜でない「今」としてである。同様に、「今は昼である」と書きとめて、夜になって見る場合は、「今は昼である」とされた「昼」は「夜」に変わるが「今」自身は保たれる。

しかし、この「今」は昼でない「今」としてである。

言い換えると、保たれているのは、否定（何々でない）を含むもの一般としてである。したがって、保たれる「今」は、無媒介のものではなく（何かに）媒介されたものである。

なぜならば、変わらずに保たれる「今」は、昼や夜ではないものとして規定されるからである。そのような「今」は、以前と同様に単純な「今」であるので、自分の傍らになお戯れているもの（特殊な例）には関わることがない。

「今」は昼でも夜でもないが、同様に「今」は昼でも夜でもある。

「今」は自己の他的存在（特殊な例）によって全く影響されないのである。このように、否定によって存在し、「これ」でも「あれ」でもなく、「これでないもの」でありながら「これでもあれでもある」ような単純なものを、我々は「普遍的なもの」と呼ぶのである。

だから、「普遍的なもの」こそが、感覚的確信の真理なのである。

我々が感覚的なものを言い表すのも普遍的なものとしてである。

我々が言っているのは、「このもの」であるが、これは「普遍的なこのもの」のことであり、また、我々が「ある」と言うとき、そこで言い表されているものは存在一般のことである。その際に我々は、もちろん普遍的な「このもの」や存在一般のことを表象する（思い浮かべる）のではないけれども、しかし我々の言い表しているものは「普遍的なもの」である。言い換えると、我々は感覚的確信において思い込んでいることを、そのままに言わないのである。

しかし、（言葉と思い込んでいることとどちらが真実かと言うと）言葉の方が一層真実なものであることを我々は知っているので、自分の思い込んでいることを、自分の言葉で直ちに否定するのである。（84〜85）

（三）知と対象の普遍性

H（23）（初めは、対象が本質的で、知が非本質的だとされていたが、先の「試み」の結果、その関係が逆転した。そのことについて考えてみよう。）

知と対象が初めに現れてきたときの関係と先の試みの結果生じた関係は逆転している。対象は感覚的確信にとって本質的なものであったはずであるが、今や非本質的なものとなっている。

なぜならば、対象は普遍的なものとなったが、この普遍的なものも、もはや感覚的確信にとって本質的であるはずであったようなものではないからである。

今や普遍的なものは、対象と対立している知のうちに現存している。

感覚的確信の真理は、確かに「対象」の中にあるとはいえ、その「対象」とは、私の（思い込みの）

対象としての対象であり、言い換えると、私の「思い込み」の中にある。

対象が存在するのは、私が対象を知るからである。

こうして感覚的確信は、対象から追い出されてはいるが、そのため廃棄されたわけではなく、自我（知）の中へ押し戻されただけである。

そこで次に我々は、感覚的確信の実在性（実際の姿）について経験が示すことを見なければならない。

こうして、感覚的確信の真理の力は、（対象のうちにではなく意識自身のうちに、言い換えれば）自我のうちに、私が見たり聞いたりする行為の直接態のうちにある。

我々が個別的な「今」とか「ここ」を思い込みながら、それを言葉で表すとそれが消失してしまうということは、私がそれらを確保することによって防ぐことができる。

「今が昼である」のは、私がそれを見ているからであり、「ここが木である」のも全く同じ理由である。

しかし、この関係においても、感覚的確信は、前の場合と同様の弁証法（論理）を自分で経験するのである。この私（自我）が木を見て「ここは木である」と主張するとき、他の自我が家を見て「ここは木ではなく家である」と主張したとする。

これら二つの真理は、同様に確証される。

両方とも、自分の知について、見るという直接性と確実性をもっており、そのことを断言しているからである。しかしながら、同一の時点で異なる対象を見ているのであるから、両方の真理が同時に成り立つことはできないのである。

しかしここでも、（私の自我から他人の自我に変わっても）消失しないものがある。それが、「普遍的なものとしての自我」である。

この自我の「見る」という行為は、木を見ることでもなければ家を見ることでもなく、ただ単純に「見る」ことである。

この「見る」ことは、この家を見るとかこの木を見るということを否定することによって（否定によって媒介されることによって）得られるものであり、家や木のように自分の傍らに戯れているもの（実例）に無関心である。

自我は、「今」とか「ここ」とか「このもの一般」と同様に、普遍的なものであるにすぎない。私は、自分を確かに個別的な自我（私）だと思い込んでいるが、「今」とか「ここ」で思い込んでいるものを言葉で言い表すことができないように、この個別的な自我について言葉で表現することはできない。

私が、「このここ」、「この今」あるいは「一つの個別的なもの」と言うとき、「全てのこのもの」、「全てのここ」、「全ての今」、「全ての個別的なもの」のことである。

これと全く同様に、私が、「自我」、「この個別的な自我」と言うとき、私は一般に「全ての自我」を言い表しているのであり、誰もが私が言うところの「自我」であり「この個別的な自我」なのである。（86〜87）

H

（24）こうして感覚的確信は、自分の本質は対象の中にもなければ自我の中にもなく、（本質であるはずの）直接態が対象の直接態でも自我の直接態でもないことを経験するのである。なぜならば、対象においても自我においても、感覚的確信が自分の本質であると思い込んでいるものが非本質的なものであることが判明するからであり、対象も自我も普遍的なものであるから、そこには私が思い込んでいるような、個別的な「今」、「ここ」、「自我」は存続せず、存在もしていないからである。

そこで我々（哲学者）は、これまで見てきたように、まずは自我に対立した対象を、次に自我を感覚的確信の本質としたのであるが、今やこの確信のただ一方の契機だけを本質として定立すべきではないという結論に達した。だから、直接態としての感覚的確信を堅持し、そうすることによって、これまでの対象と自我との対立を排除するものは、ただ感覚的確信の全体（対象と自我が一体となった確信）だけである。

したがって、このような感覚的確信の純粋な直接態は、「木であるここ」が「木でないここ」へ移行することや「昼である今」が「夜である今」へ移行すること、あるいは、自分とは別の対象をもった他者の自我に関わりをもつことはない。

この直接態の真理は、自我と対象との間に本質的なものと非本質的なものとの区別を設けない、したがって、いかなる区別も生じえないところの自己同一を保つ関係として保持されるのである。だから、「この私」が「ここは木である」と主張するだけで、振り向いて、私にとっての「ここ」が木でなくなるようなことをしない。

私はただ直観するだけなのである。私は（他者と関係なく）自分だけで「今は昼である」とか「ここは木である」という主張にとどまったままで、「この今」と「このここ」を互いに比較することもしないで、私は、「今は昼である」という一つの直接的な（無媒介の）関係に固執するのである。

（87〜88）

M　この辺りのヘーゲルの論理はかなり込み入っているので、牧野紀之氏の注釈を参考にしたい。

感性（覚）的確信は無媒介の個別を真理としてそれを捉えたつもりでいる。しかし、まず、対象としての無媒介の個別（と思っているもの）を調べてみると、それが媒介されたもの、普遍であることが判明する。次に、主観としての無媒介の個別（と思っているもの）を調べてみても同様の結果となる。そこで、こうなるのは、対象と主観（自我）を切り離し、まずは主観（自我）を固定して、一つの主観（自我）が二つの対象を比較したからだと考え、次いでは対象を固定して、同一時刻に別々のものを見る二つの主観（自我）を比較したからだと考えた。そのため、無媒介の個別が本当に自分にとっての真理であると言うためには、比較ということを不可能にするために、一つの主観（自我）が一つの対象を見るということ自体の中に閉じこもらなければならないということになる。（牧野紀之 訳『ヘーゲル精神現象学』未知谷210頁）

（四）知覚の登場

H（25）この（「今は昼である」を真理としている）確信は、（一つの直接的・無媒介の関係に固執しているから）例え我々が「夜である今」や「今を夜と思う」自我に注意を促しても、この確信はもはや現れようとはしない。

そこで、我々の方でこの確信に歩み寄り、そこで主張されている「今」が我々に示されるようにしよう。

我々は、「今」が我々に示されるようにしなければならない。

なぜならば、それは、この直接的な（無媒介の）関係の真理（「今は昼である」など）は、「一つの今」ないし「一つのここ」に限定されているこの自我の真理だからである（だから、二つのものを比較して考えたり、説明したりできない）。

もしも後になって（例えば、夜になって）この真理を取り上げたり、あるいは（例えば「ここは木である」という真理を）離れて（例えば「家」の前に）立って見るのも、全く意味をもたない。なぜなら、そのようなことをすると、この真理の本質である直接性をなくしてしまう（媒介が入る）からである。

だから、我々は、この確信と同一の時点または同一の場所に身を置いて、その真理を示さなければならない。すなわち、我々は、確実に知りつつあるところのこの自我（この感覚的確信）と同じものにならなくてはならないのである。

そこで（この確信と同じものになることによって）我々に示される直接的なものが、どんな性質のものであるかを見ることにしよう。

「今」、この「今」が示される。

しかし、その「今」は示されるときには、既に存在することを止めている。

現にある「今」は、示された「今」とは別のものである。

我々が知るのは、「今」とは、存在するときには、もはや存在しないものであるということである。我々に示される「今」は、過ぎ去ったものであり、過ぎ去っているということが「今」の真理である。しかし、過ぎ去っていることは、存在の真理をもっていない。だが、「今」が存在したということは真ではあるが、存在したものは、実際には何ら実在ではない。存在したものは、存在するものではないが、問題になっていたのは存在だったのである。だから、この示すという行為において我々が見るのは、ただ一つの運動にすぎないが、この運動は次の経過をたどる。

（一）私が「今」を示す。その「今」は真理と主張される。しかし、私が示す「今」は、過ぎ去ったものであり、廃棄されたもの（今はないもの）である。つまり、私は最初の真理を廃棄する（否定する）。

（二）そこで私は、「今」は過ぎ去っている、廃棄されている（否定されている）と主張する。

（三）しかし、過ぎ去ったものは存在しない。

だから、私は、過ぎ去ったもの、廃棄されたものという第二の真理を廃棄し（否定し）、そうすることによって、「今」の否定を否定する。

こうして、「今」は存在しているという最初の主張に戻る。だから、「今」と「今」を示すことがどんな性質であるかと言えば、「今」も「今」を示すことも、直接的（無媒介）な単純なものではなく、いくつかの契機をもった運動であるということになる。（その運動の契機について言えば、第一に）「このもの」が定立されるが、定立されるのは、むしろ、それとは別のもの（他者）であり、「このもの」は廃棄（否定）される。

（第二に、「このもの」の他者が定立されるが、第三に、この定立された）他者自身、言い換えれば、「このもの」の廃棄（否定）自身が再び廃棄（否定）されて、（第一の）「このもの」に戻るということである。

しかしながら、最初のものが（一度否定されて）自己内に還帰したものは、最初の直接的なものと完全に同じではない。

それは、まさに自己内に還帰したものであり、他者の中にあっても自己であり続ける単純なものである。

それは、（時間について言えば）絶対に多くの「今」である「今」であり、これこそ真の「今」である。

（以上のことは、「今」（時間）について言えるだけでなく、「ここ」（空間）についても同じように言うことができる）

私の固執する示された「ここ」は、実際には、この「ここ」ではなくて、前と後、上と下、右と左でもあるような「ここ」である。

「ここ」の上（とされた空間）も、「ここ」の上や下に多くの（自分の）他在（別の「ここ」）をもっている。

だから、「ここ」を示すと、その「ここ」は、多くの別の「ここ」であることが判明し、その「ここ」は別の「ここ」のうちで消失する。

しかし、その「ここ」の他在である「ここ」も（その「ここ」ではないので）消失する。

だから、示され、しっかりとつかまれ、持続しているものは、否定的な「ここ」である。

それは、多くの「ここ」が「ここ」として受け取られながら、同時に互いに否定し合うことによってのみ存在するものである。

それは、多くの「ここ」が集まった単一の複合体である。（88〜90）

H（26）示すということは、それ自身運動である。

この運動は、「今」が真に何であるかを明らかにし、それが多くの「今」を総括した一つの結果であることを示す。

示すということは、「今」が普遍的なものであることを（感覚的確信から知覚へと生成した意識が）経験することである。（89）

二、知覚

（一）知覚の原理

H（27）（感覚的確信のような）直接的な確信は、真理をとらえない。

なぜならば、自分の真理が普遍的なものであるのに、この確信は、「このもの」をとらえようとするからである。

これに対して知覚は、自分にとって存在するものを普遍的なものとしてとらえる。

知覚の原理が普遍性であるように、知覚の中ですぐ区別される契機も普遍的である。

「自我」が普遍的な自我であるように「対象」も普遍的な対象である。（知覚の原理が普遍性であることは我々＝哲学者には分かっているので）我々が知覚を受け取るときも、感覚的確信の場合のように、現れてくるままにではなく必然的なものとして受け取るのである。

知覚の原理が生成してくるとき同時に二つの契機もまた生成したけれども、それらは生成すると同時に離脱したにすぎない。

その一方は指し示す運動であり、他方は同じ運動ではあるが、単純なものである。前者が知覚（行為）であり、後者が（知覚の）対象である。(93)

（二）物

H（28）（知覚の原理は普遍性であるから、知覚の契機である）対象の原理も普遍的なものという単純な形をとっているが、（直接的なものではなく）媒介されたものである。

したがって、対象はそのことを自分の本性として表現しなければならない。

だから、この対象は、「多くの性質をもったもの」として現れる。

感覚的な知の豊かな内容は、知覚のものであって、その内容はただ傍に戯れているもの（実例）にすぎなかった。

なぜならば、知覚だけが否定を、そして区別ないし多様性を、その本質としているからである。

したがって、（感覚的確信の真理であった）「このもの」は、（知覚においては）「このものでないもの」あるいは「アウフヘーベンされたもの」として規定されている。

だから、「このもの」は、単なる無ではなく、規定された無、言い換えると、ある内容の無、つまり「このもの」の無である。

そのため、感覚的なものはまだ残っているが、直接的な確信の中で思い込まれた個別という姿はとっておらず、普遍的なものとして、言い換えれば、「性質」として規定されるようなものとしてあるのである。

「アウフヘーベン」という語は、二重の意味をもっている。

「アウフヘーベン」（止揚・揚棄・廃棄などと和訳される）は、「否定する」ことであると同時に「保存する」ことである。

「このものの無（否定）」としての無（否定）は、（「このもの」がもつ）直接性を保存しているのであり、それ自身感覚的であるが、しかし、この直接性は（無媒介の直接性ではなく媒介された直接性、すなわち）普遍的な直接性となっている。

存在(直接性)が普遍的なものであるのは、媒介または否定的なものを身に付けているからである。存在（直接性）は、この媒介や否定を、その直接性において表現すると、それが「区別され規定（限定）された性質」である。

それらの性質は、相互に否定的な関係にある多くの性質である。

そして、それらの性質は、単一の普遍的なものの中に表現されているので、これらの規定は、本来は更に付け加わる規定によって初めて性質となるものであるのに、各々自己自身に関係し、互いに無関心で、それぞれ独立しており、他の規定から自由である。

しかし、単一の普遍的なものそれ自身は、自分のもつこれらの規定から区別されており、それらから自由である。

この普遍的なものは、純粋に自己自身に関係するものであり、これらの規定の全てを含む媒体である。

この媒体においては、これらの規定は単一の統一体であるから、互いに浸透し合っているが、互いに影響し合うことはないという関係である。

なぜならば、これらの規定は、このような普遍的なものに関与することによってこそ互いに無関心で自立しているからである。

この抽象的で普遍的な媒体は、物であること一般とか純粋な本質と呼ばれてもよいものであるが、この媒体は（感覚的確信において）既に明らかになった「ここ」と「今」に他ならない。

つまり、多くの「ここ」、多くの「今」であるが、この多くの個別は、（知覚においては）単一の普遍体になっているのである。

例えば、（目の前にある）「この塩」は、単一の「ここ」（個別）であると同時に多様なものでもある。

それは、白くもあり、辛くもあり、結晶体（立方形）でもあり、一定の重さをももっている等々である。

これらの多くの性質は全て単一の「ここ」の中にあり、互いに浸透し合っている。

どの性質も他の性質とは別の「ここ」をもっているわけではなく、どれもみな他の性質があると同じ「ここ」にある。

それらの性質は、異なる「ここ」によって隔てられてはいないにもかかわらず、互いに浸透し合いながらも互いに影響し合うこともない。

白いことは立方形であることに影響を与えず、変更しない。白いことと立方形であることは、辛さに影響を与えない等々である。それぞれの性質は、他の性質に影響を与えることはなく、それぞれ単純に自己に関係するのであるから、他の性質をそのままに放任しておき、ただ無関心な「も」を通して他の性質に関係するだけである。

したがって、この「も」こそが、（これまでの述べてきた）純粋な普遍的なもの自身であり、媒体であり、諸性質を総括するものであること（物の本質）なのである。

これまでに明らかにしてきた関係においては、物の肯定的普遍性という性格だけが考察され展開されたにすぎない。

しかし、なお考慮に入れられなくてはならない側面がある。

もし多くの性質が互いに完全に無関心で、全く自己に関係するだけであったならば、それらの性質は一定のものではないだろうということである。

なぜならば、性質が一定の性質であるのは、それらが互いに区別され、自己と対立する他の性質に関係する限りにおいてのみ成り立つことだからである。

この相互対立という面から見ると、多くの性質は、それらの媒体の単一な統一体の中に共存することはできない。

媒体の統一は多くの性質にとって本質的であるが、否定もまた同様に本質的である。

こうして、それらの性質を区別することは、その区別が無関心な区別ではなく他者を否定する排他的な区別である限り、この単一な媒体の外に出ることになる。

したがって、この媒体は、単に「も」という無関心な統一であるだけでなく、「一」でもあり、「排他的統一」でもあることになる。

この「一」は、否定の契機であり、単純に自己と関係し他者を排斥する否定の契機であり、物であることを物として規定する否定の契機である。

性質においては、否定は規定性となっている。

規定性は存在の直接性とそのまま一体であり、その存在の直接性は、否定とのこの統一によって普遍的なもの（「も」）となっている。

しかし、「一」としての否定は、（存在の直接性という）反対のものとの統一から解放されて、全くそれ自身としてあるような否定となっている。

知覚の真理としての物は、これらの（肯定と否定の）両契機が相集まるとき完成するのである。

（94〜96）

（三）知覚の経験

H（29）意識は、物を自らの対象とする限り、知覚するものと規定されている。

意識は、対象をただ（与えられたままに）受け取らなければならず、（与えられたものを）ただとらえるという態度をとらなければならない。そういうふうにして意識に生じてくるものが真理である。

したがって、対象を受け取るときに意識が自分で何かをするならば、このような付加または除去によって意識は真理に変更を加えることになろう。対象は真であり、普遍的なものであり、自己自身に等しいものであるが、意識は自分が、可変的なもの、非本質的なものであることを自覚しているのだから、意識が対象を正しくとらえずに錯覚に陥るということが起りうることになる。知覚するものは、錯覚する可能性があることを自覚しているのである。なぜならば、知覚の原理である普遍的なものの中には、否定され止揚されたものとして意識されているにせよ、知覚するものに対しては他的存在（個別）が直接的に意識されているからである。

だから、知覚するものが真理を計るときの基準は、自己相等性（自己に等しいこと）になる。そして、知覚するもののとるべき態度は、対象を自己自身に等しいもの（自己矛盾のないもの）としてとらえることである。

知覚するものにとって異なるもの（対象）が知覚するものに対面しているので、知覚するものは、対象をとらえる（知覚する）ときに、そこに含まれている互いに異なる二つの契機（対象と知覚するもの）を相互に関係づけることになる。

もしこの比較において、両者の不等が現れてくるならば、対象は自己相等なものであるから、対象が真理ではないことではなく、知覚が真理でないのである。（96〜97）

H

（30）意識が実際に知覚するとき、どういう経験をするか見ることにしよう。

（一）私が受け取る対象は、純粋な一者として現れる。

私はこの対象において性質を知ることになるが、その性質は普遍的なものであるから、その対象の個別性（一者）を越えて外に出ている。

だから、その対象が最初は一者だとされたのだが、それは対象の真の存在ではなかった。

しかしながら、対象は真理である（とされている）から、真理でないのは私の方にあり、対象のとらえ方が正しくなかったということになる。

（二）そこで私は、性質の普遍性を考えると、対象をむしろ（他の物との）共同態一般として把握しなければならなくなる。しかし更に私は、性質は規定（限定）されており、他者と対立し他者を排斥するものであることを知覚する。

だから、私が対象を他者との共同態ないし連続態ととらえたのは正しくなかったということになる。

（三）そこで私は、性質が規定（限定）されている点を考慮に入れて、対象の連続性を断ち、それを排他的な一者としなければならなくなる。だが、この排他的な一者のうちには、互いに干渉せず、互いに無関心な多くの性質が見いだされる。

だから、私が対象を排他的なものととらえたのは正しくなかったのである。

（四）今や対象は、多くの性質にとっての普遍的な共同の媒体であり、そこでは多数の性質が感覚的な普遍態として各々別々にあり、規定（限定）された性質としては他の性質を排斥するものとなっている。

（五）このように性質が各々規定（限定）されているため、私が知覚する単純な対象、真理は、普遍的な媒体でもなく、個別的な性質それ自身であることになる。

しかし、この個別的な性質というものは、性質でもなければ規定（限定）された存在でもない。なぜならば、その個別的な性質は、一者においてあるものでも、他の性質との関係においてあるものでもないからである。

性質が性質であるのは、一者においてあるときだけであり、性質が規定されているのは、他の性質と関係しているときだけである。
（六）個別的な性質それ自身は、このように純粋に自己自身に関係するものとして、もはや否定性（規定）という性格を具えていないから、感覚的存在一般にすぎない。
この感覚的存在に対面している意識は、感覚的存在を意識しているのだから、ただ思い込みにすぎない。つまり、意識は知覚（作用）の外に出て、自己に帰ったのである。

しかしながら、感覚的存在と思い込みとは（感覚的確信の個所で示したように）知覚に移行する。こうして私は、知覚の出発点に投げ返されており、再び各々の契機についても全体についても、自己を止揚（否定と保存）する循環過程の中へ引きずり込まれることになるのである。（97〜98）

H

（31）意識は、知覚の結果としての真理はむしろ真理の解体であり、真理（対象）から自己（知覚）自身の中に反省（還帰）することだということを経験したのである。
したがって、（今や）意識には、知覚（作用）がどのような性質をもつものであるかということが明らかになった。

知覚は、単純に純粋な把握ではなく、（対象を）把握すると同時に（その対象である）真理から出て自己自身に反省（還帰）することでもあることが分かったのである。

意識の自己自身へのこの還帰（反省）は、この還帰が知覚にとって本質的であることが明らかになっているから、対象を純粋に把握することに直ちに干渉（介入）し対象である真理を変更する。

しかし意識は、この自己自身への還帰が知覚（作用）に干渉（介入）し対象（真理）を変更したことが自分の所為だと認識してその責を自分に帰することによって、真理である対象を純粋なままに保つのである。

知覚にも先の感覚的確信の場合と同様に、意識が自己内に押し戻される（還帰・反省する）という面があるということが分かった。

しかし、自己内に還帰（反省）することの意味は、知覚の真理が対象から意識に属するようになるという意味ではない。

それは、知覚するときに現れてくる真理でないものが意識に属していることを意識が認識しているということである。

しかし同時に、意識がこのように認識することによって、意識はこの真理でないものを止揚できるのである。意識は、真理（対象）の把握と知覚の非真理性とを区別し、この非真理性を訂正する。

意識がこの訂正を自分で行う限りにおいては、真理（対象としての真理ではなく、知覚が真であるという意味における真理）は、意識に属することになる。

したがって、これから考察する意識の態度がいかなるものであるかと言うと、意識は、ただ知覚する（対象を把握する）だけでなく、知覚しながら自己内に反省（還帰）するものであることを自覚しており、この自己内反省（還帰）を単なる対象を把握することから区別するものである。（98～99）

(四) 反省する知覚

H (32) 私（知覚）は、まず物を「一」としてとらえて、それを物の真なる規定だとする。もし知覚の運動のうちに「一」ということに矛盾するものが生じたときには、それは私の反省によるものであって、物によるものではないと認められなくてはならない。

知覚の中には、様々な性質が現れ、それらは物自身の性質であるように見える。しかし（今の知覚においては）物は「一」であり、物が「一」であることを否定するこの相違（様々な性質）は、我々（知覚するもの）に属するものだと意識される。

だから、（それらの様々な性質が物の性質であるように見えるとしても）実際には、この物は、我々の目に触れるから白いのであり、我々の舌に触れるから辛いのであり、我々の触覚に触れるから立方体でもあるにすぎない等である。

これらの側面（性質）が全く違う性質であるのは、物に由来するのではなく（物がそうなっているからではなく）我々に由来する（我々が様々な感覚器官をもっているからな）のである。それらの性質が全く別々のものであるのは、舌と目とが全く別のものだからである。

したがって、我々（知覚するもの）こそが普遍的媒体であり、そこにおいてそれらの契機（性質）が互いに分離し独立して（無関係に）存在しているのである。

こうして、我々は、普遍的媒体であるという規定を我々の反省に基づくものと見なすことによって、物は「一」であるという自己同一性と真理とを維持するのである。

しかし、意識が自ら引き受ける様々な側面はいずれも普遍的媒体（である意識）の中にあると考えられているが、規定（限定）されているのである。

例えば、白は黒との対立（比）においてのみ白である等々である。

また、物が「一」であるのも、それが他の物と対立するからこそ「一」なのである。

だが、物は「一」であるということは他の物を排斥することではなく、物が規定（限定）されているからこそ排他的なのである。

なぜならば、「一」であるということは、全ての物に共通の「自己自身に関係すること」（統一体であること）であり、「一」であることによって、物は全ての物と等しいからである。物自身は、それ自体として規定されているということになる。

物は、それぞれ様々な性質をもち、その性質によって互いに他の物から区別される。

このように、性質が物自身の性質であるから、言い換えると、性質が物自身の中にある規定（限定）であるから、物はいくつかの性質をもつのである。（99〜100）

H

（33）意識が先に自分で引き受けたもの（「一」の側面）と今引き受けるもの（多の側面）、そして、先に物に帰属させたもの（「一」）と今物に帰属させるもの（多）とを振り返ってみると（意識に）分かることは、意識は自分自身と物とを交互に二つのものにしていたということである。
すなわち、意識が、自分も物も純粋で多様でない「一」とするとともに、自立的な素材（物質）に分解する「も」（多）とするのである。

こうして、意識は、この比較によって、意識が対象である真理をとらえるときのとらえ方が、対象をただ受け取るという側面と自己内に還帰（反省）するという側面という二重性をもっているだけでなく、むしろ真理自身である物が、このような二重の仕方で現れてくるということを知るのである。

したがって、物は、それをとらえる意識に対して一定の仕方で現れるが、同時に、意識に対する現れ方の外に出て、自己内に還帰（反省）してもいること、言い換えれば、物はそれ自身において対立した真理をもっているということが経験されたのである。（１０１）

（五）知覚から悟性へ

Ｈ（34）こうして意識は、物を真に自己同一のものと解し、意識を不同のものすなわち自己同一から外に出て自己内に反省（還帰）しているものと解する第二の態度（感覚的確信から知覚に移行して最初に遍歴した循環過程――Ｈ（29）――が第一の態度であった）を脱している。

今や、これまでは対象と意識に割り当てられていた運動全体が、意識の対象となったのである。物は「一」であり自己内に還帰（反省）している。

このことは、物は自分に対面して独立しているとともに他の物に対面してもいるのである。しかも物は、自分に対面して（自分だけで）いるときは、他の物に対面しているときとは別のもの（他者）である。

したがって物は、対自的にあるとともに対他的にもあるので相異なる二重の存在であるが、また物は「一」でもある。

しかし、この「一」であるということは、物の二重性とは矛盾する。

そこで意識は、物を「一」にする作用を物から引き離して自分で引き受けるべきかもしれない。

すなわち物は、対自的にある限りにおいては他者（他の物）に対面してあるのではない、と意識は言わねばならないかもしれない。

しかし、この「一」であることも物自身に属しているのだということは、既に経験したとおりであり、物は本質的に自己内に還帰しているのである。

したがって、こう考えられることになる。

「一」であることと同様に「も」あるいは無関心な区別も物に属するのであるが、両者は異なっているのであるから、同一の物に属するのではなく、異なったいくつかの物に属するのである。

一般に対象的存在（ここでは対象と意識）にある矛盾が二つの対象に割り当てられることになる。

そうすると、物は、それ自身としては確かに自分だけであり、自己自身に等しい（自己同一を保っており「一」である）のであるが、この物の自己自身との統一（「一」であること）は、他の物によって妨げられるのである。こうして、物の統一が保たれると同時に、この物の外にあり意識の外にある他の物も保たれるのである。

このように、対象的存在にある矛盾が相異なる物に割り当てられたために、区別が分離された個々の物に帰属することになってしまう。

区別された二つの物は、自分だけで（対自的に）独立したものとして定立されており、矛盾はこの二つの物に属するのであるが、各々の物は自己自身と異なるのではなく、他の物と異なるものであるから、二つの物の間に矛盾（対立）はあることになる。

これによって、各々の物は、それ自身として区別されたものとなっているのであり、他の物との本質的な区別を具えているのだが、しかし、各々の物自身のうちに対立があるのではなく、各々の物は、それぞれ独自に他の物と区別される本質的な性格を形成する単純な規定をもっている。確かに実際には、他の物との違いが各々の物にあるのだから、この違いは必然的に様々な性質の現実の区別として各々の物に具わっているが、他の物と区別される本質的な性格を形成する単純な規定は、物の本質となっており、それによって各々の物は他の物から区別されて自分だけで（対自的に）あるのだから、それ以外の様々な性質は非本質的なものである。（以上要するに）物の本質的性格を形成し、その物を他の全ての物から区別する規定は、それによってその物が他の物と対立しつつも独立性を保つとされている。

しかし、その物が物であるのは、言い換えれば、その物が独立した「一」であるのは、その物が他の物と関係しない限りにおいてのみのことである。なぜならば、他の物と関係すると他の物との関連が定立されることになり、他の物との関連が定立されることは自立（独立）存在を否定することだからである。

物は、その絶対的（本質的）性格とそれがもたらす対立とによって、他の物と関係する。物は、本質的にはこの関係にほかならない。

しかし、他の物と関係するということは、その物の自立性を否定することであるから、物はその本質的な性質によって没落していくことになるのである。

物は、自らの本質と自立存在を形成する規定によって没落するという経験をせざるをえないのだが、意識がそういう経験をする必然性は、論理的には簡潔に次のように考えられる。物は自立存在とされ、言い換えれば、全ての他の物を絶対的に否定するものとされているが、このことは、物は自分自身にしか関係しない絶対的な否定であるとされているということである。

ところで、自分自身に関係する否定（自分自身を否定すること）とは、自分自身を止揚（否定と保存）することであり、言い換えると、自分の本質を他の物のうちにもつことである。このようにして、自立存在（自分だけの在り方）と対他存在（他者と関係する在り方）とを分離（区別）していた最後の限定（「……の限りにおいて」）が崩壊する。

対象（物）は、そのように分離（区別）して考えられるものではなく、対象は、むしろ同一の観点から見て、自分自身の反対（二重性をもつもの）である。

対象は、他者に対して存在する限りにおいて自立的に存在し、自立的に存在する限りにおいて他者に対して存在するのである。

対象は、自立的に存在して自己内に還帰しており「一」であるが、このことは、その反対である対他存在（他者に対する存在）と一体となっているのであり、したがって、それは止揚（否定と保存）されたものとしてのみあるのである。

言い換えれば、対象の自立存在といえども、先に非本質的なものとされた他者への関係と同様に非本質的なものなのである。

こうして、対象は、対象の本質を形成するとされる諸規定によって止揚（否定と保存）されている。それは、感覚的対象が止揚されたものとなったのと全く同じである。

対象は、感覚的な存在から出て普遍的なものとなるのであるが、この普遍的なものは、感覚的なものから出てきたので、本質的にこの感覚的なものによって制約されて（知覚の対象である）物となったのである。

したがって、この普遍的なものは、真に自己同一の普遍的なものではなく、自己に対立するものに影響を受けている普遍的なものであるから、個別と普遍との両極に、諸性質が一つであること（諸性質が一である物に統合されていること）と自由な物質（性質）の「も」（物が諸性質の集合であること）との両極に分かれるのである。

これらの純粋な諸規定は、本質そのものを表しているかのように見えるけれども、それは他者に対する存在に取りつかれている自立存在にすぎない。

しかし、この自立存在と対他存在とが本質的に一つの統一の中にあるのだから、今や、（物ではない）「無制約の絶対的な普遍」が現存しているのである。

意識は、ここに初めて真に「悟性の国」に歩み入ることになる。（101～104）

三、悟性

（一）力

H（35）（知覚の運動によって現れた「無制約的普遍」に見られるように、対自存在と対他存在あるいは一と他のような）自立的なものとして定立された区別項は、すぐにその統一へと移行し、この統一がすぐに区別項の展開へと移行し、そしてこの展開が再び統一への還元に戻っていくのであるが、しかしこの運動は（考えてみると）「力」と呼ばれているものに他ならない。

力の一方の契機、すなわち、自立的な物質が展開してその存在を示す力は、「力の外化（発現）」である。

もう一方の契機、すなわち、自立的な物質が消滅したときの力は、力の外化から自分に「押し戻された力」、言い換えれば「本来の力」である。

我々が二つの契機をそれらの直接的な統一のうちに保持するときには、「力の概念」、すなわち、区別された契機を区別されたものとして担う概念が、本来的に帰属するのは「悟性」である。なぜならば、力それ自身においては、この二つの契機は区別されるべきではないからであり、したがって、区別は思惟のうちにのみあるのである。（110）

H

(36)「力の概念」は、二つの力へと二重化することによって現実的となる。

これら二つの力は、独立して存在する実在として現存している。

しかしながら、これら二つの力の現存は相互間の運動であり、二つの力の存在は、他者によって純粋に定立された存在であり、すなわち、二つの力の存在は、純粋の消失を意味するような相互の運動（「両力の遊戯」）である。二つの力は、自分だけで何か確固たるものを保持し、ただ外面的な性質だけを互いに両者の中間又は接触点へと送り込むような二つの極としてあるのではなく、二つの力が二つの力であるのは、これらの中間又は接触点においてだけのことである。

そこにおいては、力の外化も、誘発したものも誘発されたものも、それぞれ無媒介に存在している。

したがって、これらの契機は、ただ対立する頂点として現れるだけの二つの自立的な極に分配されているのではなく、それらの本質は、それぞれの力が他の極を介してのみ存在するのであり、また、それ故にそれぞれの力は直ちにそれぞれの力でなくなるということである。

したがって、二つの力は、実際には、自分を支持したり維持したりするところの固有の実体をもっていないのである。（114〜115）

M「力」とは、物のような実体ではなく、「外化（発現）した力・誘発する力」（Ⓐ）とⒶの「外化（発現）・誘発」によって「自分Ⓐに押し戻された力・誘発された力・本来の力」との両者の「相互移行（転換）＝両力の遊戯」として現れるもの（「現象」）である。

「悟性」の考察の対象となるのが、このような「現象」である。

H（37）（力などの）事物の真の本質は、今や次のように規定される。

事物の本質は、意識に対して直接的にあるのではなく、意識は「内なるもの（本質）」に対して間接的な関係にあり、そして意識は、「悟性」として、「両力の遊戯」という中間を介して事物の真の根拠を見るのである。

「悟性」と「内なるもの」（本質）という二つの極を連結する中間は、力の展開した存在（「両力の遊戯」）であり、この存在は、（自立して永続する確かなものではなく）「悟性」自身にとって、今や消失していくものである。

だから、この存在は「現象」と呼ばれる。（116）

（二）内なるもの（本質）

H（38）この「内なるもの」（本質）の真理は、絶対的に普遍的なものであり、普遍的なものと個別的なものとの対立から自由になって「悟性」に対して現れたものである。

この「内なるもの」（本質）において、「現象する世界」としての「感覚的世界」を越えて、今や初めて「真実の世界」としての「超感覚的世界」が、「消失する此岸」を越えて「永続する彼岸」が開けてくる。

この彼岸は、真理が定在をもつ純粋な場にすぎない。

そこで、今後我々の対象（課題）は、事物の「内なるもの」と「悟性」とを両極とし、「現象」をその中間（媒語）とする推理である、（117）

（三）現象

H（39）「内なるもの」あるいは「超感覚的彼岸」は、「現象」から発生したのであり、「現象」に由来するものである。

「現象」が「内なるもの」あるいは「（超感覚的）彼岸」を媒介するものであり、言い換えれば、「現象」は、「内なるもの」あるいは「彼岸」の本質であり、実際に、「現象」が「内なるもの」あるいは「彼岸」を満たす内容である。

「超感覚的なもの」とは、「感覚的なもの」と「知覚されるもの」とが、その真実態において（止揚されたものとして）定立されたものである（大前提）。

「感覚的なもの」と「知覚されるもの」との真実態とは「現象」のことである（小前提）。

それ故に、「超感覚的なもの」とは、「現象」として（とらえられたところ）の「現象」である（結論）。

その際、「超感覚的なもの」が、「感覚的世界」あるいは「直接的な感覚的確信と知覚にとって存在するような世界」であると考えられるとすれば、それは間違った理解である。

なぜならば、「現象」は、存在する世界としての「感覚的知と知覚の世界」のことではなくして、「止

揚された感覚的世界」として、あるいは、「真実に内なるものとして定立された感覚的世界」のことである。（118〜119）

H（40）「現象」とは、「生成」と「消滅」のことである。

「生成」と「消滅」それ自身は「生成」したり「消滅」したりすることはなく、それ自体として存在しており、真理の生命の現実性と運動とを構成している。（46）

（四）両力の遊戯

H（41）「悟性」が「両力の遊戯」という媒介を通じて「内なるもの」に関係するのは、「悟性」の運動によるのであり、この運動によって「内なるもの」は「悟性」にとって充実した内容になっていくであろう。

「悟性」にとって直接的に存在しているのは、「両力の遊戯」であるが、しかし「悟性」にとって真なるものは、単一な「内なるもの」である。したがって、力の運動は、単一なもの一般としてのみ真なるものである。

「両力の遊戯」にあるのは、規定態の直接的な交替あるいは絶対的な交換だけである。（このように「両力の遊戯」においては、）「誘発するもの」と「誘発されるもの」という「形式」上の区別も、「誘発されるもの」は「受動的媒体」であり「誘発するもの」は「能動的な一者」であるという「内容」上の区別も、全て消失する。

この絶対的交換の内にあるのは、一般的なものとしての区別、あるいは、多くの対立（区別）

が還元して行った区別だけである。
だから、この一般的なものとしての区別こそ「両力の遊戯」における単一なものであり、真なるものである。こういう区別が「力の法則」なのである。(119~120)

(五) 力の法則

H(42)絶対的に交替する(常に変化している)「現象」は、「内なるもの」あるいは「悟性」の単一性に関係することによって、単純な区別をもつものとなる。

「内なるもの」は、最初はただそれ自体として普遍的であるにすぎない。しかし、それ自体で単純な普遍者(「内なるもの」)も、やはりその本質からすれば、それ自体として区別を持つ普遍者である。

なぜならば、この普遍者(「内なるもの」)は、交替自身の結果であるからであり、言い換えれば、交替がこの普遍者の本質であるが、交替が「内なるもの」の中に定立されて、その真実態をとるときには、その交替は、絶対的に普遍的で静止し自己同一を保つ区別として「内なるもの」の中に取り入れられているからである。

この区別が法則のうちに表現されているのであるが、この法則は、不安定な「現象」の安定した像である。だから、「超感覚的世界」は諸法則の静止した国である。

この諸法則の国は、確かに「悟性」の真理であり、この真理は法則のうちにある区別において内容をもっているが、しかし、この諸法則の国は「悟性」の最初の真理であって、まだ「現象」を埋め尽くしてはいない。法則は「現象」のうちに現在してはいるが、それは「現象」を完全に

現在させているわけではないのである。(120〜121)

H

(43)(さらに)「悟性」は、次のような経験をする。すなわち、「内なるもの」は「現象」自身の法則であること、区別でない区別が生じていること、言い換えれば、同名のものが自己を自己から突き放すこと、また、区別は本当は区別でなく互いに廃棄しあうものであること、言い換えれば、異質のものが互いに引き合うこと、を経験する。これが「第二の法則」であり、その内容は、先に法則と呼ばれたもの(「第一の法則」)、つまり常に自己同一を保つ区別に対立しているのである。なぜならば、この新しい法則は、むしろ、等しいものが等しくなくなり、等しくないものが等しくなることを表現しているからである。

この「第二の法則」は、あの「両力の遊戯」においても、このような「絶対的移行」として、また、「純粋の交替」として現れた。

つまり、同名のものである力が(一対の)対立物へと分裂し、この対立物は、初めは自立的な区別として現れるが、実際にはそうでないことが判明する。なぜならば、自己を自己自身から突き放すものは同名のものだからである。

そして、この突き放されたものは、本質的に互いに引き合うのである。なぜならば、それらは同一のものだからである。

こうして作られた区別は区別ではないから再び廃棄される。

そこで区別は、事柄自身の区別(自己を自己自身から区別すること)、言い換えると、「絶対的区別」として現れる。

したがって、この事柄自身の区別（「絶対的区別」）は、自己を自己自身から突き放した（自己が自己自身を対象とする）同名のものであり、また、対立ではない対立を作り出す同名のもの（「絶対的交替」）に他ならない。

この（交替と変化の）原理によって、初めの「超感覚的なるもの」、「法則の静かな国」、「知覚された世界の直接的模像」が自分の反対物へと転倒させられる。

このようにして現れた「第二の超感覚的世界」は、転倒した世界であり、しかも一方の側面（「法則の静かな国」）は、「第一の超感覚的世界」において存在しているので、この（交替と変化の原理が現実化している）「第二の超感覚的世界」は、（交替と変化の原理を欠くところの「法則の静かな国」である）「第一の超感覚的世界」の転倒した世界である。こうして「内なるもの」は「現象」として完成された（「内なるもの」と「現象」とは完全に一致した）のである。

なぜならば、「第一の超感覚的世界」は、知覚された世界を（法則という形にして）普遍的な場に高めたものにすぎなかったからである。

つまり、この世界は、交替と変化の原理をまだ自分の内部だけにもっていた（が、外部には現れてこなかった）ところの知覚された世界において、必然的に自分に対立する像をもっていたのである。

法則の最初の国は、この交替と変化の原理を欠いていたが、しかし、転倒した世界（「第二の超感覚的世界」）としては、それを獲得しているのである。（126〜128）

（六）内的区別（区別でない区別）

H（44）こうして超感覚的世界の一方の側面（「第二の超感覚的世界」）の本質を成す「転倒」からは、対立する二つの区別項をそれぞれ異なる場に固定するような感覚的表象的なとらえ方は遠ざけられなければならない。

区別についての絶対的概念が「内的区別」として、すなわち、同名のもの自身が自己を自己自身から突き放し、等しくないもの自身が等しくなるという形で純粋に（論理的に）叙述されとらえられなければならない。

純粋な交替あるいは自己自身における対立や矛盾を思考でとらえなければならないのである。なぜならば、「内的区別」においては、対立したものは、ただ単に二つのもののうちの一つというのではなく、もしそうだとすれば、それはそれぞれ自立して存在する二つのうちの一つであって、そこには対立関係はないからである。

対立するものは、もう一方の対立するもの（他者）に対立している、言い換えると、対立するもの自身のうちに他者が現存しているのである。同じく、転倒した世界である「第二の超感覚的世界」も、同時に他の世界（自己の他者である「第一の超感覚的世界」を包みこんでおり、他の世界を自分のうちにもっている（自分自身この世界でもある））のである。この「第二の超感覚的世界」は、それ自身でも転倒した世界、すなわち、自分自身が転倒した（自分が自分の反対のものとなった）世界なのである。それは、一つのものの中で、自分自身であるとともに自分の反対でもある世界である。

そのようになって初めて、この「第二の超感覚的世界」は、「内的区別」、「事柄自体の区別」、言い換えると、「無限性」として存在するのである。（130～131）

Ｈ（45）この単一な「無限性」あるいは（区別の）絶対概念は、生命の単一な本質、世界の魂、普遍的な血と呼ばれるべきである。この血は、いかなる所にも存在し、どのような区別によっても妨げられたり中断されたりすることもない。それは、むしろそれ自身があらゆる区別でもあれば区別の止揚された存在でもあるので、自らは動くことなく自分の中で脈打っており、不安定になることはなく自分の中で振動している。

この「無限性」は、自己同一を保つ運動である。

なぜならば、区別があっても同語反復的であり、区別であって区別でないからである。（132）

（七）自己意識の登場

Ｈ（46）「無限性」という概念が意識の対象となるときには、意識は、区別を区別であると同時に区別でないもの（廃棄された区別）としてとらえる意識である。

この意識は、自分だけで自分に対面しており、区別されていないもの（意識する自己と意識される自己は同じもの）を区別する意識であり、言い換えると「自己意識」である。

私（自我）は、私を私自身から区別するが、ここで区別されたものは、（実際には）区別されていないということは、私には直ちに自覚されているのである。私という同名のものが私を私自身から突き放す。

しかし、この区別されたもの、すなわち、私と等しくないとされたものが、区別されていながら直ちに区別ではないということが私に自覚されているのである。（134〜135）

第二章　自己意識

第二章　自己意識

一、意識を対象とする意識

H（47）確信（意識）についてのこれまでの諸形態（感覚的確信、知覚、悟性）では、意識にとって真なるもの（対象）は、意識以外の他のものであった。

しかしながら、このような真なるものの概念は、真なるものについての「経験」を積むにつれて消失していく。

感覚的確信の場合は存在するもの、知覚の場合は具体的な物、悟性の場合は力という対象は、直接的には自体的である（それ自体で真理である）とされていたが、（意識の経験によって）真実態においては、むしろそうではなくて、これらの自体的なもの（真理）は、その対象の他者（意識）に対して現れた姿であるにすぎないことが判明するのである。

すなわち、対象について意識がもつ概念は、対象と現実に出会うことによって廃棄されるのであり、言い換えると、最初の（経験する前の）直接的な「表象」（イメージ）は経験を重ねるにつれて廃棄されるのであり、こうして確信（これまでの意識の諸形態）は、（新しい）真理（対象）の中へ消失していったのである。

しかしながら今や、従来の（意識と対象との）関係においては生じなかったことが起きている。つまり、自分の真理（対象）と等しい確信（意識）が生じているのである。

なぜならば、ここでは、確信(意識)は自分自身にとって自分の対象であり、意識は自分自身にとって自分の真なるもの（対象）だからである。（137）

二、欲望する自己意識

H（48）「自己意識」という新しい意識の最初の形態は何かということが、まず考察されなければならない。

「自己意識」は、実際には、感覚的世界、知覚的世界の（自立した）存在から反省することであり、本質的に他在（自分から区別されたもの）から（自己内へ）環帰したものである（したがって、「自己意識」には、自立した存在とか自分から区別されたものという契機が前提されているのである）。すなわち、「自己意識」が「自己意識」として存在するのは、（他在から自己内へ環帰してくるという）運動（を通して）のことである。

しかしながら、（自立存在とか他在などの）感覚的世界は、「自己意識」に対して存立はしているが、（その存立の仕方は）単なる「現象」にすぎず、言い換えれば、それ自体としては存在していないような区別(対象)にすぎないようなものとして与えられている(感覚的世界は「自己意識」のうちにあるものでしかない)。

「自己意識」の現象（としての感覚的世界）と「自己意識」の真実態の矛盾（対立）の本質をなすものは、「自己意識」の自己自身との（矛盾・対立が廃棄されて生ずる）統一（感覚的世界を自分の中へ取り込むこと）に他ならない。

（だから、）「自己意識」にとっては、この統一が本質とならなければならない。すなわち、『自己意識』（の最初の形態）は、（対象を否定して自分のものとする）「欲望」ということになるのである。（138〜139）

M　フランスの著名なヘーゲル研究者であるイポリットによれば、

欲望とは、存在を尊敬せずして否定する意識の運動である。すなわち、ここ（「自己意識」の章）では、具体的に存在を奪いとり、それを自分のものとする意識の運動なのである。この欲望は、世界が現象という性格しかもたないということを前提としている。世界は、〈自己〉にとっては手段でしかないからである。知覚する意識と欲望する意識とのあいだには、はっきりした区別があり、（略）だから、自己意識は、「〈自我〉＝〈自我〉の運動なき同語反復」なのではない。それは、世界とかかわりあうものとしてあらわれるのである。この自己意識にとっては、この世界は、消滅するもの、実体をもたないものであるが、この意識が自分を定立するためには、この消滅そのものが、この意識に必要なことなのである。だから、自己意識は、一般的な意味で、〈欲望〉なのである。欲望の志向対象は、もはや、感覚的意識によって私念された対象とはおなじ秩序に属してはいない。

きわめて凝縮した形ではあるが、ヘーゲルによって、意識の根源的構造が正確に叙述されて

いるのは、ここ（「自己意識」の章）においてである。（略）

わたしがとろうとするこの果物といったような、欲望の個人的な対象は、それだけで独立に定立された対象なのではない。

欲望の対象たるかぎりにおいて、この対象は存在すると同時に存在しないと語ることが可能である。

この対象は存在する。しかし、やがて、それはもはや存在しなくなるであろう。

対象の真理とは、対象が食べつくされ否定されることである。

すなわち、自己意識が他なるものを否定して、自分自身と合体するために、この対象が食べつくされ否定されることなのである。

ここから、欲望の対象の両義的な性格が生ずる。もっとはっきりいえば、欲望によってめざされるものの二元性が生ずるのである。（略）

「一方の対象は、直接的な対象であり、感覚的確信と知覚との対象であるが、しかし、この対象は、自己意識にとっては否定的なるものという性格を刻印されている（すなわち、この対象の本質はそれ自身の消滅なのであるから、この対象は現象でしかないわけである）。

第二の対象は、まさしく自分自身であり、この対象は真実の本質ではあるが、はじめには、まだ第一の対象と対立することによってのみ現存するにすぎないのである」（『精神現象学』）。

だから、欲望の最終目標をなすものは、表面的に信じられているように、感覚的な対象なのではなくて（感覚的対象はひとつの手段でしかない）、〈自我〉の自己自身との合一なのである。

自己意識は欲望である。

しかし、この自己意識がまだはっきりと自覚することなく欲しているものは、自分自身であり、自分自身の欲望（自己意識を欲望の対象とすること）なのである。

だからこそ、自己意識は、他の欲望（他者を欲望の対象とすること）、他の自己意識をみいだすことによってしか自分自身に到達することができないことになるのである。

欲望は自己意識の本質であり、（略）欲望がめざすのは、まず世界の対象であり、つぎには、ともかく自分自身にもっと近い対象（すなわち〈生命〉）であり、最後には、他の自己意識なのである。

欲望とは、他なるもののなかに自分自身をもとめることであり、人間によって人間が承認されることへの欲望なのである。（略）

対象が否定され、欲望は充足されるが、しかし、ここで欲望がふたたび生じ、別の対象がまた、否定されるためにあらわれるというわけである。それぞれの対象と欲望とがそれぞれに特殊性をもっていることは、それほど重要なことではないが、対象と欲望のこの単調なる再生産は必然性をもっているのである。

この単調さが意識にしめしていることは、自己意識が対象を否定しうるためには、対象が必要であるということである。（略）

だから、ここには、欲望一般の本質的な他者性が存在するのである。（略）

欲望の本質的な性格は、欲望が継起するところから生ずるのである。

「欲望の本質であるものは、じつは、自己意識とはちがったある他のものであり、このような経験によって、自己意識にこの真理があらわれてきたのである」（『精神現象学』）。だから、この経験の過程において、わたくしは、欲望が決してつきないことを、また、欲望の意図が反省されたときこの意図がわたくしを本質的な他者性に導くことをみいだすことになる。

ところが、自己意識もまた絶対的に自分だけで対自的に（自立的に）存在するのであるから、自分を満足させなければならない（対象を否定しなくてはならない）。しかし、自己意識がこの満足を実現しうるのは、自分の対象そのものが自己意識としてあらわれる場合のみである。（『ヘーゲル精神現象学の生成と構造　上巻』市倉宏祐　訳　209〜215頁）

三、承認を求める自己意識

H（49）「自己意識」は、最初は自分だけでの存在であり、全ての他者を自分から排除することによって自己自身と等しい。

「自己意識」にとっては、その本質と絶対的な対象は「自我」である。

そして「自己意識」は、このような直接態においては、言い換えれば、自分だけで存在するようなこの存在においては、個別的なものである。「自己意識」にとって他者とは何かと言うと、本質的でないものとしての否定的なものという性格を表示された対象である。

しかしながら、他者もまた一つの「自己意識」であるから、一人の個人が一人の個人に対して現れる。このように直接的に現れるときには、両者は互いに普通の対象という仕方においてであり、自立的な形態であり、生命の存在のうちに――なぜならば、ここでは存在する対象は生命として規定されているからである――沈められた「自己意識」である。

両者は、互いに対して行う絶対的な抽象化の運動を、すなわち、全ての直接的な存在を根絶するという運動を、また、自己同一的意識の純粋に否定的な存在であるという（ことを示す）運動を実行しておらず、言い換えれば、まだ互いに純粋な自分だけでの存在としては、すなわち、「自己意識」としては現れていないのである。

各々の意識は、確かに自分自身を確信しているが、他人については（他人の自我を自分のものとして）確信してはいない。

だから、自己に関する自分自身の確信についての（客観的）真理をまだもっていないのである。なぜならば、両者各々の確信の（客観的）真理は、自分自身の自分だけでの存在（「自己意識」）が自分の向こう側に自立的な対象として現れる、言い換えれば、同じことだが（自分の向こう側にある）対象が自分自身を純粋に確信させるものとして現れること以外のことではなかろうからである。しかしながらこのことは、「承認」の概念からすると、各々自分だけでの存在（「自己意識」）の純粋な抽象（自分が自分の対象的な在り方を純粋に否定する）という行為が、互いに他方に対して行われるのでなければ、不可能なのである。

しかし、各々の「自己意識」が自分を純粋な抽象として表すことは、自分の対象的な在り方を純粋に否定したことを示すことであり、言い換えれば、自分はいかなる一定の定在にも結び付いていないこと、定在一般という一般的な個体性にも、生命にも結び付いていない（生命に執着するものではない）ことを示すことである。これらのことは、二重の行為として示される。すなわち、相手の行為であると同時に自己自身による行為でもある。だから、行為が相手の行為である限り（その相手が自分の死を認めない場合には、その相手に対している）各人は相手の死をめざすことになるのである。

しかしながら、そこには、自己自身による行為でもあるという第二の行為も含まれている。なぜならば、相手の死をめざすことは、（当然相手もこちらの死をめざすことになるのであるから、相手の死をめざす側も）自己の生命を賭けるということを含んでいるからである。

そこで、二つの自己意識の関係は、両者が「生死を賭ける戦い」によって自分自身及びお互いの自立存在を確証することであると規定される。

両方の自己意識は、この戦いに入っていかねばならない。なぜならば、彼らは、自分だけである（独立した人間である）という自分たち自身の確信を、相手方においても、自分たち自身においても（客観的）真理へと高めなければならないからである。そして、自由が確証されるためには、（互いの自己意識が）生命を賭ける（戦いをする）ことによってのみ可能なのである。

また、自己意識にとっては、存在も、自己意識が現れたときの直接的な在り方も、生命の拡がりの中に埋没している存在も、いずれも自己意識の本質ではなく、かえって、自己意識においては、自分にとって消失する契機でないようなものは何ひとつないのであり、自己意識はただ純粋に自分だけで存在するものでしかないということが確証されるのも、互いの自己意識がただ生命を賭けることによってである。

生命を賭けなかった個人も、確かに人格として承認されることができるが、しかし、そのような個人は、自立的な自己意識として承認されているという真理に達してはいないのである。各人は、自分の生命を賭けるのと同様に、他者の死をめざさなければならない。

なぜならば、各人にとって他者は、自分自身よりも多くの価値をもつものではないからである。他者の存在は、自分にとって他者として現れ、その存在は自分の外にある。

そこで各人は、他者が自分の外にあることを廃棄しなければならない。ところで、この他者は、様々なものにとらわれて存在している意識である。

だから（そのような他者を廃棄するためには）、各人はそのような他者を、（自分と同じ）純粋に自分だけで存在するものとして、言い換えれば、（自己意識の本質である）絶対的な否定として見なければならないのである。

しかしながら、死によって得られるこのような確証は、そこから生じてくるはずであった真理も、それと同時におよそ自分自身だという確信も失うことになるのである。

なぜならば、生きているということは、意識の自然的な肯定であり、（自己意識のもつ）絶対的否定性（全てのものを否定する能力）を欠いた自律性であるように、死は意識の自然的な否定であり、自律性を欠いた否定である。この否定は、「承認」に求められた意味を欠いたままである。（死によって自立存在の確証を行うという）両者の行為は、抽象的（一面的）な否定であって、意識が廃棄されたものを保存し、維持し、こうして自分の廃棄されたことに耐えて生きるというような意識の行う否定ではない。

この経験によって、自己意識には、純粋な自己意識と同様に生命が本質的であるということが分かってくる。（自我を意識したばかりの）直接的な自己意識においては、単純な自我が絶対的な対象であるが、しかし、この対象は、我々にとって、あるいはそれ自体としては（客観的には）絶対的な媒介（いろいろなものに支えられたもの）であり、（生命という）存在する自立性を本質的な契機としてもっている。

この解体によって、ひとつの純粋な自己意識ともうひとつの意識が定立される。（生命を賭けるという）最初の経験の結果、（純粋な自己意識と生命との）直接的な統一が解体する。もうひとつの意識というのは、純粋に自分だけであるのではなく、他方の意識に対してある意識であるが、その意識は存在する意識としてあること、言い換えると、物の形態をした意識である。

両方の契機は共に（自己意識にとって）本質的である。しかしながら、両方の契機は、最初は不同で相対立しており、まだ両者の統一への環帰は生じていないので、両方の契機は、意識の二つの相対立した形態としてあるのである。一方は自立的意識であって、自分だけでの存在であることを本質とし、他方は非自立的意識であって、生命ないし他者に対する存在であることを本質としている。前者は「主人」であり、後者は「召使」である。（１４８～１５０）

四、主人と召使

Ｈ（50）「主人」は、他の意識（「召使」）を介して自己に還帰しているような独立した意識である。

すなわち、「主人」は、自立的な存在ないし「物」と結合されていることを本質とする意識

（「召使」）を介して自己に帰ってきている。

「主人」は、これら両方の契機に、すなわち、欲望の対象としての「物」と、「物」を本質としてもつ意識（「召使」）に関係するのである。

「主人」は、自立的な存在（物）を介して間接的に「召使」に関係する。なぜならば、「召使」は、まさにこの自立的な存在（物）に捕らえられているからである。

すなわち、この自立的な存在（物）は、「召使」が（生死を賭けた「主人」との）戦いにおいて、断ち切ることができなかった鎖であり、またそれ故に、自分を自立的でないものとして、「物」の中に自分の自立性をもつことを示したからである。

しかし、「主人」は、この存在（物）を支配する威力である。

なぜならば、「主人」は、（「召使」との）戦いにおいて、この存在（物）は自分にとって否定的なもの（消費されるもの）としての価値しかないことを示したからである。

「主人」は、この存在（物）を支配する威力であるが、この存在（物）は他者（「召使」）を支配する威力であるから、「主人」は、この推論（主人―物―召使）において、この他者（召使）を自分の支配下に置くのである。

同様に、「主人」は、「召使」を介して間接的に「物」に関係する。

「召使」も「自己意識」であるから、「物」に対して否定的に関係し「物」を廃棄（しようと）するが、しかし同時に「物」は（それ自体として）「召使」に対して自立してもいるので、「召使」は「物」を廃棄するといっても「物」を完全に廃棄させることはできない。

言い換えれば、「召使」は、「物」をただ加工するだけなのである。

これに対して「主人」は、この媒介（「召使」による加工）によって、「物」の純粋な否定という直接的関係、言い換えれば、「物」の享受を手に入れるのである。（「自己意識」の最初の形態であるところの）「欲望」ができなかったことが、つまり、物を自由に処分して享受し満足するということが、（「召使」を支配する）「主人」にはできるのである。「主人」にはできたことが「欲望」にできなかったのは、「物」が自立的であったからである。しかし、「主人」は、「物」と自分の間に「召使」を介入させることによって「物」の非自立性の面だけと関係し、「物」を純粋に享受し、「物」の自立性の側面は、「物」を加工する「召使」に任せるのである。（「物」を介して「召使」を支配し、「召使」を介して「物」を支配するという）これら二つの契機の中で、「主人」には、自分が他方の意識（「召使」）によって「承認」されているということが生じる。

なぜならば、この他方の意識（「召使」）は、この二つの契機において自分を本質的でないものとして定立するからである。

すなわち、一方では「物」の加工において、他方では規定された定在（「物」）への依存において、自分を本質的でないものとするのである。

これら両方の契機において、「召使」は存在（物）を支配する「主人」となって絶対的な否定（廃棄）に達することはできない。

「召使」が自立存在としての自分を廃棄し、そうすることによって、「主人」が「召使」に対して行うこと（「召使」を否定すること）を、「召使」自身が行う（自分で自分を否定する）ということの中に、「承認」の契機が現存しているのである。「召使」の行為は「主人」自身の行為であるというもう一方の契機も同様である。

なぜならば、「召使」が行うことは、本来「主人」の行為であるからである。

「主人」にとっては、自分だけでの存在（自立的存在）のみが本質である。

「主人」は、純粋に否定的な威力であり、その威力にとっては、「物」は無である。

したがって、「主人」の「召使」に対する関係においては、「主人」の行為は純粋に本質的な行為であるが、しかし「召使」の行為は、純粋なものでも本質的なものでもないのである。

しかしながら、「主人」と「召使」の関係が本来の「承認」関係となるためには、「主人」が「召使」に対して行うこと（「召使」を否定すること）を自分自身に対しても行い（「主人」が自分自身を否定し）、そして、「召使」が自分に対して行うこと（自分自身を否定すること）を「主人」に対しても行う（「召使」が「主人」を否定する）という契機が欠けている。

したがって、この両者の「承認」（関係）は、一方的で不平等なものなのである。

ところで、「主人」の（主観的な）自己確信の真理（真実の姿）を客観的に明らかにするものは、「主人」にとっての対象である。そして、「主人」と「召使」との関係において「主人」の対象となっているのは「召使」である。しかし、明らかにこの対象は、「主人」の自己確信の真理という概念に一致してはおらず、「主人」がその対象（「召使」）において実現（成就）したものは、自立した意識とは全く別のものである。

「主人」に与えられているのは、自立的な意識ではなく、むしろ自立的でない意識である。

したがって、「主人」は、自立的存在（独立存在）を真理として確信しているのではなく、「主人」にとっての真理は、非本質的な意識であり、非本質的な意識の非本質的な行為なのである。

つまり、「主人」の真理は「召使」の意識なのである。確かに最初は、「召使」の意識は、自分の外に出ており（生命に囚われており）、自己意識の真理ではないように見えるけれども、「主人」であることの本質が、自分がそうありたいと欲するものとは正反対のものであることを示したように、恐らく、「召使」であることもまた、自己を実現したときには、自分が直接的にそうであるもの（最初の姿）とは正反対のものに転化するであろう。「召使」であることも、（自分の外から）自己内に押し戻された意識として自己内へ帰っていき、真の自立性へと転換するであろう。（１５０〜１５２）

Ｍ　イポリットによれば、

（支配と隷属という）この弁証法は、おそらく『現象学』のなかでもっとも有名な部分であろう。展開の造形的な美しさからいってもそうであるし、また、この弁証法がヘーゲルの後継者たちの政治哲学や社会哲学に（とりわけマルクスに）あたえた影響によってもそうなのである。この弁証法が本質的にしめしていることは、じつは、主（人）が奴（召使）の奴（召使）であり、奴（召使）が主（人）の主（人）であるということである。このことによって、一方的な承認形式の不平等が克服され、その平等が再建されることになる。（前掲書　２２９〜２３０頁一部表記変更）

五、召使の自立

Ｈ（51）我々は、「召使」であることが「主人」であることとの関係において何であるかということだけを見てきたが、しかし「召使」であることも自己意識であるから、「召使」であることは、全体として何であるかが考察されなければならない。

最初は、「召使」にとっては、「主人」が本質である。だから、自立的で自分だけで存在する意識（「主人」）が「召使」であることにとって真理である。しかしながら、この真理は、「召使」であることにとって真理ではあるが、（しかし、その真理は「召使」に対面して外にあるのであって）「召使」の身に具わったものではない。だが、実際には「召使」であることも、純粋な否定性と自分だけでの存在という真理を自分自身の身に付けてもっている。

なぜならば、「召使」であることは、この本質を自分自身において「経験」したからである。すなわち、「召使」の意識は、この事柄あるいはあの事柄についてだけではなく、また、この瞬間あるいはあの瞬間についてだけでなく、自分の全実在について不安をいだいたのである。

なぜならば、「召使」の意識は、死という絶対的主人に対する恐怖を感じたからである。死の恐怖を感じたとき、「召使」の意識は、内面の奥まで解体されて体中が完全に震えあがり、そして、自分の中の確かなものが全て揺り動かされたのである。

ところで、この純粋で普遍的な運動（純粋意識の中の運動）、全ての存在が絶対的に流動化されることこそが、自己意識の単純な本質、絶対的否定性、純粋な自分だけでの存在であるから、この純粋な自分だけでの存在が「召使」の意識の身に現れているのである。

しかし、純粋な自分だけでの存在というこの契機は、「召使」の意識に対面してもまた存在している。

なぜならば、「主人」の中にある自分だけでの存在という契機は、「召使」にとっては自分の対象（主人）の中に与えられているからである。更に、「召使」の意識は、このような普遍的な解体一般であるだけでなく、「奉仕」することによって、このような解体を現実に実行する。

つまり、「召使」の意識は、「奉仕」することによって、自然的な定在（生命や欲求）の全ての個別の契機に対する執着を廃棄し、その定在に働きかけて、これを取り除く（自然的な定在から自分を引き離す）のである。

しかしながら、絶対的威力（死）を一般的に感ずることも、個々の「奉仕」において（「主人」に対する恐怖を）感ずることも、潜在的な解体にすぎないのであって、たとえ、「主人」を恐れることが知恵の始まり（『旧約聖書』詩篇一一一の一〇）だとしても、「主人」を恐れているときの意識は、自分自身と向きあっているのだが、そのことを自覚してはいないのである。

しかしながら、「労働」を媒介することによって、意識は自己自身に到達するのである。

「主人」の意識における欲望に「召使」が対応する契機（「召使」の「労働」）には、確かに、「物」に対する非本質的関係という側面が割り当てられているように見えた。

なぜならば、「物」は、この非本質的関係（「労働」）の中では、自立性を保持しているからである。

また、（「主人」の）欲望は、対象を純粋に否定し、それによって、混じり気のない感情を保持したが、だからこそ、この満足は、（対象を純粋に否定したことによって）それ自身ただの消失にすぎないのである。なぜならば、欲望が満足されるということは、欲望の対象だったものが失われることだからである。

これに対して「労働」は、抑制された欲望であり、延期された消失である。

言い換えると、「労働」は（対象を）形成するものである。

（「労働」という）対象に対する否定的な関係は、対象の形状となり、存続するものとなるということである。

なぜならば、「労働」する者（「召使」）に対してこそ、対象は自立性をもっているからである。

（「労働」という）対象に対する否定的な中間項あるいは（対象を）形成する行為は同時に個別態であり、意識の純粋な自分だけの存在である。この意識の純粋な自分だけの存在は、今や、「労働」の成果として意識の外に出て存続する場へ現れたのである。

だから、「労働」する者（「召使」）の意識は、こうして、自立的な存在（形成された対象）を自分自身であると直観するようになるのである。しかしながら、形成する行為（「労働」）は、奉仕する意識（「召使」）の純粋な自分だけでの存在が存在するものになる（「召使」の意識が対象となって現れる）という肯定的な意味をもっているだけではない。

形成する行為（「労働」）は、奉仕する意識（「召使」）の最初の契機である（死の）「恐怖」を否定するという意味をまたもっているのである。

なぜならば、奉仕する意識（「召使」）にとって自分自身の否定態である自分の自分だけでの存在が物の形成（「労働」）によって自分の対象となるのは、「召使」の意識が、自分に相対して存在している（「物」の）形状を廃棄することによってのみ可能なのである。

しかし、（対象の側にある）この対象的な、否定的なもの（否定されるべき形状）こそは、かつて奉仕する意識（「召使」）がその前で恐れおののいたところの他人の実在（「主人」）の側にあるもの）に他ならない。しかし今では、奉仕する意識（「召使」）は、この他人の否定的なもの（「主人」の側にあるもの）を破壊し、自分を、そのようなもの（他人の否定的なものを破壊するもの）として存続する場（対象の世界）の中に定立し、それによって、自分が自分だけでの存在（自立存在）だということを自覚するようになるのである。（１５２〜１５４）

六、思考する意識

Ｈ（52）「召使」は、「労働」（形成）することによって、形成された「物」の形式（状）の中に自己を対象化するとともに、（自分の外に存在していると見ていた「主人」の中に、自立した姿を見るのであるが、この）「主人」の自立した存在（姿）は、意識（に基づくものであり、意識は自分にもあるの）だと直観する。

しかし、「召使」にとっては、二つの契機、すなわち、自分自身を自立的な対象として見る契機と、この対象を意識として、つまり自分自身の本質として見る契機とは（まだ）互いに分離している。

しかし、我々（哲学者）にとっては、あるいは、即自的には（潜在的には）、（形成された「物」の）形式（状）と、（「召使」の）自立的な存在（姿）は、同一のものであり、自立した意識（「自己意識」）の概念においては、自体存在（客観的存在）とは意識のことであるから、自体存在の側面あるいは「労働」によって形式（状）を取得した「物」の側面は、意識以外の他の実体ではない。

こうして我々（哲学者）には、「自己意識」の新しい形態が生じたのである。意識にとって、「無限性」（H（45）参照）あるいは、意識の純粋な運動を自己の本質であると認めている意識は、「思考する意識」であり、「自由な自己意識」である。これをなぜ「思考する」と言うかというと、抽象的な自我を対象とするのではなく、同時に自体存在（客観的存在）という意味をもっているところの自我を対象とすることは「思考する」ことだからである。言い換えれば、対象的な実在（対象の世界）に対して、それは意識の対自存在（意識がそれを自分であると自覚している存在）の意味をもっているような、そういうものとしてこの実在に対して振る舞うことを「思考する」と言うのだからである。（155〜156）

H（53）思考しているとき、私は自由である。なぜならば、そのとき、私は他者のうちにいるのではなく、完全に私自身のもとにとどまっており、私にとって本質であるところの（思考の）対象は私の対自存在（私の意識）と不可分の統一においてあるからである。（156）

M「召使」の意識は、「死の恐怖」、「奉仕」、「労働」を介して、自己と自己の対象との同一なることを経験した。

したがって、「召使」の意識は、自分では自覚していないが、意識の動きを観察している「我々」から見れば、つまり客観的に見れば、「自己意識」の新しい形態である「思考する自己意識」（自分にとっての対象となりうるが、そのために自分自身を失うことのない自己意識）、また、思考する存在として行動することは自由であることを意味するから「自由な自己意識」となったのである。

七、ストア主義

Ｈ（54）自由な自己意識が、精神の歴史において自覚的な形をとって現われたとき（古代ギリシャ哲学の一派であるストア派の学説）、それは「ストア主義」と呼ばれた。

ストア派の原理は、意識が思考するものであり、あるものが意識に対して本質をもつのは、言い換えれば、あるものが意識に対して真であり善であるのは、意識が思考するものとして、そのあるものに関係する場合だけであるということである。

したがって、このストア主義の意識は、先に見た「主人と召使」の関係に対しては否定的である。この意識の行うことは、主人である場合には、自分の真理を召使の中にもつことではなく、召使として、主人の意志や主人への奉仕の中に自分の真理をもつことでもない。

たとえ王座にあっても鎖につながれていようとも、個々の定在に依存することの全てにおいて自由であり、定在の運動からも、活動的なことからも他者からの働きかけにも、絶えず身を引いて思考という単一な本質へと戻っていくという生命のない姿を保ち続けることである。

ストア主義の自由は、自己の個別性に執着することなく、いつでも、すぐに個別性の外に出て、思考という純粋な普遍性に帰っていく自由である。

したがって、このストア主義の自由が世界精神の一般的形式（時代の精神）として登場することができたのは、恐怖と奴隷状態が一般的になり、また教養が（抽象的な）思考にまで高まった（ローマ帝国の）時代だけであった。

このような自由は、純粋思想をその真理としているにすぎず、この真理は生活によって充実させられていないので、自由と言っても、自由の概念（考えられただけのもの）であるにすぎず、生きた自由そのものではない。

この自由の本質は、まだ思考一般であり、自立したものから身を引いて自己内へ退いた形式そのものにすぎないのである。

したがってストア主義は、当時の言葉で言えば、一般に真理の基準は何かと問われると、すなわち、思想そのものの内容を問われると、当惑してしまう。

ストア主義に対して、何が善であり、何が真理であるかと問うと、ストア主義は、理性的であることの中に真理と善があるという無内容な思考そのものを答としたのである。

だが、この思考の自己同一もまた、何も規定しない純粋な形式にすぎない。

だからストア主義は、真理と善とについて、知恵と徳性について一般的な言説にとどまらざるをえなかったのであるが、このような一般的な言説は、一般的には人の心を高めるものではあるが、実際には内容の広がりには決して達することができないので、やがて退屈を感じさせ始めるものである。

このように思考を本質とする意識は、自分で自分を抽象的な自由にすぎないと規定したが、この意識は、他在（外界）を不完全に否定するにすぎない。

定在（日常の世界）から自分のうちに退いた（純粋な思考の中に戻ってきた）だけであるから、この意識は、定在の絶対的否定を自分において実現してはいないのである。

この意識にとっては、内容はただ思考としてのみ妥当するとされてはいるが、この思考が規定された思考であり規定性そのもの（思考の否定）でもあるのである。（１５７～１５９）

八、スケプシス主義

Ｈ（55）ストア主義は（自由の）単なる概念（考え方）をもっていたにすぎないが、「スケプシス主義」（古代ギリシャ哲学の末期にストア派、エピクロス派に対立して現れた学説）は、自由の概念を実現することであり、思考の自由を実際に経験することである。思考の自由は、本来否定的なもの（否定の運動）であるから、そうであることを示さなければならないのである。

ストア主義が、主人と召使の関係として現れてきた自立的自己意識（主人）の概念に一致していたように、スケプシス主義は、（召使の）欲望と労働といった他者（主人）に対する否定的な方向としての概念の実現に一致しているのである。

スケプシス主義の行為一般とその態度は次のようになる。

（一）感覚的確信と知覚と悟性の本質である弁証法的運動（自己否定の運動）を指摘する。

（二）支配と奉仕の関係において通用しているものが実在的でないことを指摘する。

（三）抽象的思考（ストア主義的な考え方）に対して通用しているものが実在的でないことを指摘する。

否定の運動としての弁証法的なものは、初めに意識に対して直接的に存在するときには、意識は翻弄されるだけで、意識自身によって存在するものではないもののように感じる。これに対して、スケプシス主義にとっては、この弁証法的運動は自己意識の契機になっているので、この自己意識が真とし実在的なものとしていたものが、その訳を知らないうちに消失するということはないのである。

かえって、自分の自由を確信している（スケプシス主義の）自己意識は、実在的であると称する他者（自己意識自身が真とし実在的なものとしたもの）を自分で消失させるのである。しかも自己意識は、対象的なものそのもの（他者）を消失させるだけでなく、対象的なものを対象的なものと認めた自己意識自身の行為をも消失させるのである。

したがって、自己意識は、自分の知覚する働きをも、消失しようとする危険にあるものを確保する悟性の働きをも、詭弁をも、自分の意志で規定し確定した真理をも、みな消失させるのである。このように自覚的に否定することによって、スケプシス主義の自己意識は、自分は自由であるという確信を自分自身で作り出し、自由を経験し、そうすることによって、この自由の確信を（主観的なものから客観的な）真理へと高めるのである。

こうして、スケプシス主義の自己意識は、自分に向かって確固としたものであることを欲する(他の）全てのものを変転させる（否定する）ことによって、自分自身の自由が自分自身によって与えられ獲得されたものだということを経験するのである。この自己意識は、このように自分自身を思考するという心の安静と自己自身についての不変の真実な確信をもつことを自覚しているのである。

しかし、この自己意識は、先述の運動（絶対的な弁証法的不安定＝全てのものに内在する自己否定運動）であるため、実際には、自己自身に等しい意識であるのではなく、ただ端的に偶然的な混乱であるにすぎず、絶えず新たに生み出されてくる無秩序の目まいであるにすぎない。

この意識自身は、このような混乱であることを自覚している。なぜなら、この意識は（自己否定の）この運動によって混乱を自分で作り出しそれを維持するからである。

しかもこの意識は、そのことを認めているのであり、自分が全く偶然的で個別的な意識であることを認めているのである。

したがって、スケプシス主義の意識は、自己同一を保つ自己意識という一方の極と偶然的な（個別的なものに左右される）混乱した意識という他方の極との間を行ったり来たりする無意識的な愚行を演じているのである。

この自己意識は、自分自身についての二つの思考を結び付けない。

一方では、自分が定在のあらゆる混乱と偶然を超えた自由をもつことを認識しているが、しかし他方では、自分が非本質なものへ再び転落するものであり、非本質的なものに関わるものであると告白している。

この意識の言辞と行為とは常に矛盾しており、またこの意識は、普遍性と自己同一の意識であるとともに全くの偶然性と自己不同一の意識でもあるという矛盾した二重の意識をもっているのである。

スケプシス主義においては、意識は、実際には自分が自分自身において矛盾した意識であることを経験するので、この経験から、スケプシス主義が別々にしている二つの思想を結び付けるような新しい形態の意識が現れてくる。

スケプシス主義の自分自身についての無思想は消去せざるをえない。

なぜなら、これら二つの思想を自分のうちにもっているものは、実は一つの意識だからである。

したがって、この新しい形態の意識は、自分が自分を解放し自由にする不変で自己同一の自己意識であるとともに、自分が絶対に混乱し転倒する意識でもあることを自覚しているものであるから、自己矛盾の意識（「不幸な意識」）である。（１５９〜１６３）

九、不幸な意識

Ｈ（56）自分の中で（個別と普遍との）分裂を自覚している「不幸な意識」は、個別（自分）を意識するときには必ず普遍も意識せざるをえないのである。それは、この意識の本質である（個別と普遍との）矛盾もただ一つの意識に属しているからである。

だから、この意識が（個別か普遍かのどちらか一方の側において）分裂を克服して統一の安らぎを得たつもりになっても、ただちにその統一から追い出されざるをえないのである。しかし、この不幸な意識も真に自己自身に還帰することになれば、言い換えると、自己と和解するならば、それは（「理性」となっているのであるから）生き生きとして現存するものの中に歩み入った精神の概念を示すことであろう。

なぜなら、この意識の中に既に「分割されていない二重の意識」という契機が含まれているからである。

この不幸な意識自身は、一方の自己意識が他方の自己意識を見ることであり、この不幸な意識は、それらの二つの自己意識であり、それらの「二つの自己意識を一つのものと見る」ことが、この不幸な意識の本質でもある。

だが、この不幸な意識は、そのような本質を自覚しておらず、まだ両者を統一するには至って

いない。（163〜164）

（不変なものと変化するものとの対立）

Ｈ（57）不幸な意識は、最初は、「単純で不変な意識（ストア主義の意識）」と「多様で変化する意識（スケプシス主義の意識）」とのただ直接的な統一（分裂した両者をただ一つにしただけ）にすぎないのであり、不幸な意識自身は両者を同一ではなく対立したものと考えている。

そこで、不幸な意識にとっては、「単純で不変なもの（意識）」が本質として存在し、「多様で変化するもの（意識）」は非本質的なものとして存在することになる。

両者は、不幸な意識にとっては異質な存在であるが、不幸な意識自身がそもそも矛盾した二つのもの（意識）をかかえている意識なのであるから、不幸な意識自身は変化するもの（意識）の側に立つものと考え、自分を非本質的なものと見ているのである。しかし、この不幸な意識には単純で不変なもの（意識）という本質も存在しているので、この不幸な意識は自分を非本質的なものから解放することを目ざさなければならないが、これは、自分を自分自身から解放することに他ならない。

なぜなら、実際には不幸な意識が自分は単純で不変な意識であり自分の本質は不変な意識であると自覚していても、確かに不幸な意識は、自分は変化するものにすぎず、不変なものは自分に縁のないものだと考えているので、やはり自分自身は不変なものを本質とするものではないと意識しているからである。

したがって、不幸な意識が両方の意識に与える位置は、両者を互いに無関係にしておくことでも、自分自身と不変なものとを無関係にしておくことでもない。

むしろ不幸な意識自身が直接この両者なのであり、不変なものと変化するものとの関係は本質的なものと非本質的なものとの関係であるから、非本質的なものである変化するものは止揚（否定と保存）されなければならないことになる。

しかし、両者は共に不幸な意識にとっては本質的でありまた矛盾（対立）した関係にあるのであるから、この不幸な意識は、ただ矛盾した運動であるにすぎず、この運動においては、対立するものの一方がその反対において安らぎに達するのではなく、反対のうちにおいて再びその反対として新たに生ずるにすぎないのである。ここにあるのは、勝利がむしろ敗北であるような敵との戦いである。

そこでは、勝利を得ることが敵の中でその勝利を失うことなのである。

（これを日常生活において考えてみると）生活を意識し、生活上の具体的な事柄や行為を意識することは、これらのことについて悲哀を感ずることである。

なぜなら、不幸な意識は、生活の中に自分とは反対のものを本質として意識するだけであり自分自身は無に等しいと自覚させられるだけであるからである。

そこで、このように意識した不幸な意識は、（自分とは反対のものである）不変なものへ高まろうとする意識へ移っていく。

この不変なものへの意識の高まりは、自分自身が無に等しいことを意識するからこそであるから、この高まりは自分自身は個別にすぎないということの自覚なのである。

意識の中に入り込んできた不変なものは、だから個別に付きまとわれるのであり、個別ととももにしか意識の中に現存しないのである。

不変なものを意識することによって、個別（の意識）を滅ぼすことにはならず、個別は不変なものを意識するときにはいつも出現してくるのである。（164〜165）

十、不変なものの形態化

H（58）このような運動において不幸な意識が経験するのは、個別の出現は不変なものにおいてであり、不変なものの出現は個別においてであるということである。

不幸な意識にとっては、不変なものにおいて個別一般が生じてくるとともに不変なものにおいて自分の個別が自覚させられるのである。

なぜなら、この運動の真理は、この二重の意識が一つであるということに他ならないからである。しかし、この二重の意識が一つであるということは、最初は、両者の違いが支配しているような形で意識される。

したがって、この意識は、個別と不変なものとの結合の仕方を三重の仕方で知ることになる。

第一は、この意識自身は再び不変な実在に対立したものとして現れて、意識は、あの（勝利が敗北であるような）戦いの発端に投げ返されることになるが、この戦いは三重の関係全体の地盤としてとどまるものである。

第二は、不変なもの自身が個別を身につけてこの意識に対して現れる。つまり、個別が不変なものの（現象）形態となり、現存するものの全てのあり方が不変なものの方へと移っていくことになる。

第三は、不幸な意識が、個別としての自分自身を不変なものの中に見いだすことである。

第一の不変なものは、意識にとって、ただ個別を裁くよよそしい実在であるにすぎない。

第二の不変のものは、不幸な意識自身と同じ個別の形態である。

第三では、不幸な意識は「精神」となり、この精神の中に自分自身を見いだす喜びを得て、個別としての自分が普遍的なものと和解していることを自覚するようになる。（１６５）

十一、不変なものと変化するものとの統一

Ｈ（59）最初に意識が自己分裂しているだけの段階（ユダヤ教的な考え方）では、個別者としての自己を否定（放棄）して不変な意識となることを目ざすものであった。

しかし今（キリスト教的な考え方）では、自己分裂した意識は、この純粋な形態をもたない不変なものへ関係していくことは止めて、形態を得た不変者（イエス）へ関係するだけになっている。

自己分裂しただけの段階の意識にとっては、形態をもたない抽象的な不変なものだけが本質的な対象であったが、今では個別者（イエス）と不変者（父なる神）とが一つであるということが、意識の本質であり対象となっているのである。

そこで、意識が絶対に分裂しているという関係は、今では脱却しなくてはならないものである。

意識は、形態を得た不変者を自分とは疎遠な現実と見る外面的な関係から高まって、不変者との絶対的な一致を目ざさなければならないのである。

非本質的な意識（不幸な意識）が不変者との一致を目ざす運動も、この意識が形態を得た自分の彼岸に対して取るであろう三つの態度に応じて三つの段階を踏む。

第一には純粋意識（という段階）であり、第二には現実に対して欲望及び労働の態度をとる個別的実在（の段階）であり、第三に自分の自立存在を意識する（段階）である。（１６７）

十二、純粋意識

Ｈ(60)非本質的意識（不幸な意識）を純粋意識として考察することにすると、形態を得た不変者（イエス）はこの純粋意識に対して現れているのだから、即自かつ対自的に（絶対的に、完全な姿で）存在しているように見えるけれども、そうではなく、意識に対して現れたこの不変者の現在は意識によって一方的に引き出されたものにすぎず、まさにこのため、完全でも真実でもなく、それは不完全性あるいは対立を背負っているのである。

だから不幸な意識は、形態を得た不変者の完全な姿をもってはいないが、しかしこの意識は、「純粋思考」を既に乗り越えている。

「純粋思考」とは、ストア主義的な個別性を全て無視する抽象的な思考であり、またスケプシス主義的なただ単に不安定な思考のことである。不幸な意識は両者の思考方法を乗り越えていて、純粋思考と個別性を一体化してもってはいるが、意識の個別性と純粋思考自身とを和解させていることを自覚している思考にはまだ高まっていない。

むしろこの意識は、抽象的な思考（純粋思考）が意識の個別性と触れ合う中間地帯に立っている。

あるいは、この意識自身が触れ合いそのものである。

この意識は、純粋思考と個別性との統一であるが、またこの意識は、思考する個別者あるいは純粋思考と本質的に個別である不変者とを意識しているのである。

しかし、この自分の対象であり本質的に個別の形態を得ている不変者が、自分自身であり意識の個別である自分自身であることには気づいていないのである。

したがって、我々が不幸な意識を純粋意識として考察するこの第一の段階においては、この意識は自分の対象に思考する態度で関係するのではない。

確かにこの意識自身は、潜在的には純粋に思考する個別であり、その対象のほうもまさに思考する個別であるが、両者の相互関係自身は純粋な思考ではない。

この意識は、いわば思考をめざしているのであるから、「信仰心」である。この意識の思考そのものは、鐘の音の形のないざわめきのようなものであり、霧のように立ち込めた熱い香煙のようなものであり、音楽的思考にとどまっている。

このような思考は、唯一の対象内在的な形をとる概念的把握にまでは到達していないものである。この無限で純粋な内面的な感情にもこの意識の対象は生じてはくるが、それは概念的に把握された対象としてではなく、疎遠な対象としてである。

したがって、ここにあるのは、純粋な心情の内面的な運動である。

この心情は、自己自身を感じとるのであるが、自己自身を分裂したものとして悲哀の感情をもって感じとるのである。

この心情は、限りない憧憬の運動であり、この憧憬は、自分の実在（不変者）が自分と同じく自己を個別として思考する純粋な心情であり純粋な思考であること、そして対象（自分の実在）もまた自己を個別として思考するのであるから、自分がこの対象によって認識され承認されることを確信しているのである。

だがそれと同時にこの実在（不変者）は到達することのできない彼岸であって、それは捉えようとすると逃げる、むしろ逃げ去っていくものである。

なぜなら、一方の実在は自分を個別と思考する不変者であるから、他方の意識は実在のうちにおいて直ちに自己自身を獲得するけれども、この自己自身というのは不変者に対立したものとしての自己自身だからである。

この意識は、実在を概念的に把握したのではなく感じとるだけであるから自己内に逆もどりすることになる。この意識は、実在に到達したときにも、自分がこの実在に対立したものであることを感じているので、実在をつかまえたのではなく、非実在的なもの（自己）をつかまえたにすぎないのである。

こうしてこの意識は、一方では実在のうちに自己を獲得しようとしても、ただ自己自身が実在から分離されている現実を獲得したにすぎなかったが、他方ではこの他者（実在）を個別としてあるいは現実的なものとして捉えることはできない。

そういう他者はどこに求めようと、見つけられない。

なぜなら、それは彼岸であり、見いだすことができないとされているからである。

個別者としてのこの他者（実在）は、普遍的な思考された個別者、概念ではなく、感覚の対象としての個別者あるいは現実的なものでしかない。それは、直接的な感覚的確信の対象であるから既に消失してしまっているものである。

したがって意識には、（他者の）意識（イエス）の生命の墓が現前しているにすぎない。

しかしこの墓自身が現実であり、現実の本性上永続的にもち続けることはできないので、（それを維持するためには）苦労の多い戦い（十字軍）が（必要で）あるが、この戦いは敗れざるをえない戦いなのである。

しかしこの意識は、自分の現実的な不変の実在の墓も何らの現実性をもたないことを経験し、また消失してしまった個別は消失してしまったからには真の個別ではないということを経験したために、この意識は不変な個別を現実のものとして求めることを止めるのであり、言い換えると、消失した不変な個別に固執することを断念することになる。

こうして初めて意識は、真の個別、言い換えると普遍的な個別を見いだす能力をもつことになったのである。（167〜170）

十三、欲望と感謝

Ｈ（61）（先述したように）心情が自己自身の中へ還帰してきたということの意味は、その心情が個別者である限りにおいて現実性をもつと解さなければならない。

我々にとって、あるいはそれ自体としては、自己を見いだし自己のうちで満足しているものは、純粋な心情である。

なぜなら、心情は、自分の感情において実在が自分から離れているものだと認めるけれども、それ自体としてはその感情は自己感情であり、心情は自分の純粋な感情の対象（形態化した不変者・イエス）を感じたのであり、この感情の対象はこの心情自身だからである。

こうして心情は自己感情として、あるいは自分だけで存在する現実的なものとして現れることになる。

こうして心情の自己内還帰において、我々にとっては不幸な意識の欲望と労働という第二の態度が生じている。

欲望と労働は、不幸な意識が我々にとっては（客観的には）達成している自己自身の内面での確信を、疎遠な実在すなわち自立した物（キリスト教の儀式で供されるパンとワイン）の形をとっている実在を廃棄し享受することを通して、その意識に与えるのである。

しかし不幸な意識自身は、ただ欲望し労働するだけで、そのときに、その根底には自己自身の内面での確信があるが、欲望と労働の対象である実在に対する感情が自己感情であるとは自覚していない。

意識は自己確信を自覚してはいないのであるから、意識の内面では、むしろ自己確信はまだ分裂したままである。

もしこの意識が自覚的に自己確信をもっているとしたならば、この意識は労働と享受とによって自己確信の証しを得るであろうが、自己確信が分裂したままであるから、この証しも分裂したものである。

意識はむしろ自分でこの証しを否定せざるをえないことになる。

その結果、その意識は労働と享受の中で証しを見つけられるにしても、それはその意識が自覚している自分の姿、すなわち自分が分裂していることの証しを見いだすにすぎないのである。欲望と労働とが向かっていく現実は、この不幸な意識にとっては、（単なる欲望にとってのように）もはや本来的に無であるものではなく、意識によって廃棄され消費されるものではない。

この現実は、不孝な意識自身と同様に二つに分裂した現実である。

一面では本来的に無であるものであるが、他面では神聖なものとされた世界でもある。

この現実は不変者（神）の形態なのである。不変者が個別性をもったのである。不変者は不変者であるから普遍的なものなのである。

したがって不変者が獲得した個別性は、そもそも全ての現実という意味をもつのである。

もしこの意識が自立していることを自覚し、現実は自分にとっては即自かつ対自的に（完全に、絶対的に）無であると自覚している意識であったならば、この意識は労働と享受によって現実を否定するのは意識自身であると考えて自分の自立性を感じとることになったであろう。

しかしこの意識は、現実は不変者の形態であるから、自分の力で現実を否定することはできない。

確かに意識は現実を否定してそれを享受する（例えば、動物を殺して、そしてそれを食料として消費し食欲を満たす）のだが、それは意識にとっては、不変者が自分自身を犠牲にして意識の享受に委ねることなのだと意識されるのである。

不変な意識（不変者）が自分の形態（現実）を放棄して犠牲にすること、それに対して個別的な意識（人間）が「感謝」するということは、個別的な意識が自分が自立しているということを意識して満足することを拒絶し、自分の行為の本質を自分ではなく彼岸に置くことである。

このように相互に自己を放棄するという二つの契機によって、ここには確かに意識にとっては、不変者と自分との統一が生じてはいる。しかし同時に、この統一は分離につきまとわれており、またもや自己内で分裂しているので、この統一からは普遍と個別の対立が現れる。なぜなら、意識は、確かに外観上は自己感情の満足を諦めるのであるが、現実にはそれを満足させるからである。

　意識は欲望であり、労働であり、享受であった。また意識は、意識として（自覚的に）意欲し、行為し、享受したのである。意識が不変者を実在（本質）だと承認して自己を否定する行為である意識の感謝にしても、それ自身の行為であり、しかも不変者の行為（自分を犠牲にすること）と張り合って、犠牲的な恩恵（不変者の行為）に対して同等の行為として対抗するものなのである。それどころではなく実は、不変者が自分の表面だけを意識に移譲するとき、意識も感謝するのであるが、このとき意識は、自己の本質を放棄するのであるから、単に表面だけしか放棄しない不変者より多くのことをすることになる。

　この運動の中で意識は自己を個別として感じるのであり、自己を放棄するかのような外観によって欺かれることはない。

　意識は外観上は自己放棄しているように見えても実は自己を放棄していないのである。

　ここに現れてきたものは、両極への二重の還帰である。

　すなわち、不変な意識（不変者）と、それに対立する意識、言い換えると、意欲し実行し享受する意識であり自己を放棄する意識、更に言い換えれば、自立存在している個別性一般の意識と

に分裂することである。（172～173）

十四、個別的意識の自覚（理性の登場）

H（62）こうしてここに不幸な意識の運動における第三の態度が現れる。それは第二の態度から出てきたものであるが、意欲し実行することによって自己を実際に自立的なものとして確かめた意識である。

第一の態度は、意識はただ現実的意識の概念（潜在的なもの）にすぎなかった。それは内的な心情であって、まだ行為と享受とにおいて現実とはなっていなかった。

第二の態度は、外に現れた行為と享受として、この概念を実現したものである。

第三の態度としての意識は、その第二の意識から自己内に還帰しており、自己を現実に働く意識であることを経験しており、言い換えると、自分が絶対的であることを真理だと考えるような意識である。

だがそこには、最も自己の形をした敵が現れているのである。

心情の戦いにおいては、個別的な意識はただ音楽的な抽象的な契機として存在するにすぎず、これに対して労働と享受においては、それらは心情という本質を欠いた存在であるから、個別的な意識はすぐに自分を忘れることができる。

たとえこの現実の中で自分が自分であることを意識しても、それは不変者に感謝する承認によって打倒（否定）される。

しかし、自分が自分であるという意識を打倒されることとは、実際には意識が自分自身に帰ることであり、しかも真の現実であると意識している自己のうちへ帰ることである。これが第三の関係（段階）であるが、ここでは、先に真の現実であると意識された自己が一方の極であり、意識はこの真実の現実と考えていたものが無であるとして、この現実を他方の極である普遍的な実在に関係させるのである。

最初に、意識が真の現実性をもっていると考えるのと正反対の関係について言うならば、意識の現実的な行為（労働）は無の行為となり、意識の行う享受は不幸の感情となる。

これによって意識の行為と享受とはその普遍的な内容と意味を全て失うことになる。なぜなら、普遍的であれば、行為と享受とは絶対的（完全）な存在であったであろうからであり、この場合両者は意識が否定しようとして向かっていた個別性に帰っていくからである。

意識が自分をこの現実的な個別として意識するのは、動物的な諸機能のレベルにおいてである。したがって、これらの動物的な諸機能は、絶対的に無であるものであって、精神に対しては重要でも本質的でもありえないものとして無邪気になされるのではなく、これらの動物的諸機能の中にこそ敵（欲望と享受）がその本来の姿で現れてくるのであるから、むしろ意識の真剣な努力の対象であり、最も重要なことになる。

しかし、この敵は敗北してもまた再起してくるので、敵を自己に結び付けている意識は、敵から解放されず、常に敵と共にあり、それによって不純にされている自分を見ることになる。

それと同時に、意識の努力の内容は本質的なものではなくて最も卑しいものであり、普遍的なものではなくて個別的なものであるから、そこに見られるものは、自分と自分の小さな行為に制限されて思い煩う不幸でもあり貧しくもある人格でしかないのである。

しかし、この意識の不幸の感情と行為の貧しさには、自分が不変者と一体であるという意識もまた結び付いている。

なぜなら、意識が自分の現実的なあり方（個別性）を直ちに否定しようと試みることは、不変者についての思考によって媒介されているからであり、この不変者との関係の中で生じることだからである。

自己の個別性を否定しようとする意識の運動の本質を形成しているのは、この媒介関係である。この運動は、否定的であると同時に関係自体としては肯定的でもあり、意識に対して不変者との一体性の意識をもたらすであろうものでもあるのである。

したがってこの媒介関係は一つの推理である。

この推理においては、最初は自体（不変者）に対立するものとして固定して考えている個別が、この自体という他の極と第三者を介してのみ連結されている。

不変な意識（不変者）という極がこの中間項を介して非本質的な意識（個別）という極に相対していると同時に、非本質的な意識も自分がこの中間項を介して不変な意識に相対していることを知っている。だからこの中間項は両極を互いに引き合わせ、結び付ける役割をするものである。この中間項は、意識をもった実在である。

なぜなら、この中間項は、意識そのものを媒介する行為だからである。その際のこの行為の内容は、不幸な意識が、自分の個別性に対してその個別性を絶滅させる企てである。こうしてこの意識は、この中間項において自分のものとしての行為と享受から自由になる。

　この意識は、自分の意志の本質は独立して存在する極としての自分のものではないとして突き離し、自分の決断の主体性と自由とを、また自分の行為の責任をも、この中間項あるいは奉仕者（祭司・僧侶）に投げ出し、したがってまた自分の行為の責任も投げ出すのである。

　この媒介者（中間項・奉仕者）は、不変な実在（神）と直接の関係にあるので、何が正義かについて忠告することをもって奉仕するものである。この意識の行為は、他人の決定に従うものであるから、その行為ないし意志の面から見ればこの意識の行為ではない。

　だがそれでもなお、非本質的な意識（個別）には、行動の対象的な側面、つまり労働の成果と享受とはまだこの非本質的な意識のものとして残っているのである。

　そこでこの意識は、享楽を放棄し、また意志を放棄したように、労働と享楽の中で獲得された現実（対象）も放棄するのである。

　その「現実の放棄」とは次の三つのことである。

（一）自己意識的自立性が獲得した真理を放棄すること。

すなわち、全く異国のもの、自分には意味のないものを思い浮かべながら、語りながら行進すること（聖歌、巡礼など）によって放棄すること。

（二）外面的な財産を放棄すること。

これは、労働によって獲得した所有物の一部を放出（喜捨）することによって行う。

（三）すでに味わった享楽を放棄すること。

この放棄は断食し苦行することによって行う。

　このように、まず自分が自分で決定することを放棄するという契機と、次に財産と享楽とを放棄するという契機によって、最後に意味の分からないことをするという積極的な契機によって、非本質的な意識は真実にまた完全に内的にも外的にも自由を取得し、自分の自立存在を現実的であると考えるのである。

非本質的な意識が現実（対象）を放棄するのは、以上のような実際に物などを犠牲に供することによるだけなのである。

なぜなら、心の中や気持ちにおいて、あるいは口で感謝の意を述べたとしても、そこにはごまかしがあるからである。

実際に犠牲が実現されたときには、不幸な意識が自分の行為を自分のものではないと否定したように、その意識の不幸も潜在的には止んでいる（赦免されている）のである。

これ（赦免）が潜在的に現れているということは、赦免が推理的連結における他の極である自体的に存在する実在（不変な意識）の行為であるからである。

しかしこれと同時に、非本質的な極（不幸な意識）の行う犠牲も、その極だけの一方的な行為ではなく、他極の行為をもその中に含んでいたのである。

なぜなら、自分の意志を放棄するということは、ただ一方の側からのみ見れば否定的であるにすぎないのであるが、その概念から見れば、あるいはそれ自体としては（推理的連結における両極の関係全体から見ると）、同時に肯定的でもあるからである。

それは、自分の意志を他者の意志として立てることであり、個別的ではなく普遍的な意志として立てることである。

この意識にとっては、この否定的に定立された個別的意志のもつ肯定的な意味は、他の極の意志（神の意志）であるが、この他の極の意志は、この個別的意識にとっては他者であるから、この意識がこの意志をもつのは自分自身によるのではなく、媒介者である第三者によって忠告としてこの意識には生じてくるのである。

したがって、この個別的な意識は、自分の意志が普遍的な意志になり、自体的に存在する意志となるが、しかし意識自身がこの自体的なものであることを自覚しているのではない。つまり、個別的な意識としての自己を放棄することは、個別的な意識という概念からすれば普遍的な意志という肯定的なものだと自覚するわけではないのである。

また、この意識が自分の所有物と享楽を放棄することも、否定的な意味をもつにすぎず、喜捨と断食によって意識に与えられる普遍的なものもその意識自身の行為ではない。

行為の概念においては、対象的なものと自立存在とは統一されているので、意識にとっても本質と対象として現れてくるものであるが、意識には、この統一はまだ行為の概念として意識されていないのである。

それと同様に、この統一が意識に対して生じてきても、この統一が意識自身によって直接形成されたものであるとは意識は自覚していない。

むしろ意識は、媒介者であり奉仕者である中間項によって、自己の確信がまだ分裂していることを次のように告白させられるのである。

意識の不幸は、自体的（潜在的）には不幸ではないのであり、自分の行為の中で自ら満足している行為であり、祝福された享楽である。

同様に、貧しい行為も自体的にはその反対の絶対的な（完璧な）行為である。

そもそも行為というものは、その概念から見れば、個人の行為としての行為であるにすぎない（普遍者の行為などない）のである。

しかし意識自身にとっては、依然として自分の行為は貧しい行為であり、そして貧しい行為と苦痛とが止揚されて肯定的な意味をもつのは「彼岸」においてである。

しかし、意識にとって個別的な意識としての自分の行為と存在であるこの対象（彼岸）において、意識には「理性」の観念が生じている。

個別性における意識が自体的には絶対的であり、言い換えれば、全ての実在であるという確信が生まれているのである。（173〜177）

M　詰まるところヘーゲルが言いたかったことは、個別性や偶然性をもった個別的自己意識は、「絶対的なもの」（神など）へ身を委ねるなどの仕方で、自己自身を外化（放棄）し自己を否定して自己を対象（存在）とすることによって、他者との相互承認が成立するところの「普遍的自己意識」となる、ということであった。

こうして「自己意識」が、自己の一面的な主観性を克服して自己の対象（存在）を自己自身であると自覚するとき、その対象の中に「理性」という新しい形態の意識が出現するのである。

このような経緯について、ヘーゲルは別の著作で次のようにまとめている。

他人のための奉仕者の労働は、一面から云えば即自的（内的、本質的にもっている）自分の意志の疎外（現実化）であり、これを反面から云えば、それは同時に自分自身の欲望を否定すると共に、労働によって外物を積極的に形成することである。と云うのは、その自己は労働によって自分の諸規定（内的本性）を物の形式で表わし、自分の仕事（または作ったもの）の中に自分を対象的な形で見るからである。こうして非本質的な恣意の疎外（放棄）は真の服従の契機である。（ペイシストラトスはアテネ人に服従を教えた。そうしておいて彼はソロンの法律を実施した。こうしてアテネ人がそれを学んだ後は、彼らに支配というものは不用になった。）

（訳者注：「非本質的な恣意の疎外が真の服従の契機である」という一句は、唐突の感じを受けるが、これはこのように自分の非本質的な意志をなくして、自分の意志を対象化し、客観的な物の中に自分自身の本質を見るのであるから、対象への服従は実は自分自身への服従であり、服従でない服従であることを意味する。従ってこのことが自覚されるなら、真の服従が行われることになる。

その例として古代ギリシャにおけるペイシストラトスの場合があげられる。）

真の自分であるこの個別性の疎外（放棄）は、しかし自（己）意識が一般（普遍）的意志に移行するための、すなわち積極的自由に移行するための契機である。

一般（普遍）的自（己）意識は他者から区別された、特殊的な自己の直観（自己を見ること）ではなく、即自に（それ自身として、本質的に）存在する一般（普遍）的自己としての自己の直観である。

それ故に、この一般（普遍）的自（己）意識は自身の中に自分自身と他の諸々の自（己）意識とを認めるし、また同時に他の自（己）意識からも是認されることになる。

こうして自（己）意識が他者の中に自分の反映を見るようになり（私は他の者が私を自分自身として見ていることを知っている）、また純粋な精神的普遍性として、自分を家族、祖国等に属すものと見、自分が本質的自己であることを知るようになると、自（己）意識自身の本質的一般（普遍）性の面は実在的になる。（この自（己）意識はあらゆる徳、愛、名誉、友情、勇気の基礎であり、あらゆる犠牲、あらゆる名声といったものの基礎である。）（『哲学入門』武市建人 訳　岩波文庫　147〜149頁一部表記変更）

M　「意識」、「自己意識」、「理性」の関係について、イポリットは次のように説明している。

狭い意味での意識は、対象を自我とは他なるものであるとみなす意識であり、これが即自存在（自己意識の潜在形態）である。

しかし、この意識は発展して自己意識にいたる。

自己意識にとっては、対象はただ自我自身のみである。

この自己意識は、まず直接的に対自的（他者と関係なく自分だけを相手にしている状態）であるにすぎないものとして、個別的である。自己意識が意識から対象を排除するのは、自分自身を自立的で自由なる存在として定立することを可能にするためである。

自己意識の教育鍛錬は、自己意識をこの排他的な個別性から普遍性に高める運動なのである。

こうして、個別的な自己意識が普遍的な自己意識となり、欲望する自我が思惟する自我となるのである。

意識の内容が即自（それ自体としてあるもの）であると同時に意識に対するものともなるのは、このときである。

対象の知は自己の知であり、自己の知は即自存在（それ自体としての存在）の知なのである。

〈思惟〉と〈存在〉との同一性は、〈理性〉とよばれている。

この同一性は、意識と自己意識との弁証法的綜合なのである。

しかし、この綜合が可能となるのは、自己意識が真にそれ自身において普遍的な自己意識となった場合のみである。（前掲書　２９３頁一部表記変更）

第三章　理性

第三章　理性

一、意識の実在化としての現実の世界

H（63）自己意識が「理性」になったことによって、意識の他的存在（世界・自分の現実）に対するこれまでの否定的態度は肯定的態度に転換する。

これまで自己意識は、自分にとっては自分の自立性と自由だけが重要であった。また、自己意識には、自分の実在を否定するものと思えたところの世界あるいは自分自身の現実を犠牲にして、自分自身のために自分を救済し維持してきたのであるが、自分自身を理性として確信するようになると、自己意識は、世界あるいは現実に対して安静を得て、それらを受け止めることができるのである。なぜならば、自己意識は、自己自身を実在として確信しているからであり、言い換えれば、あらゆる現実が自分以外の他のものではないことを確信しているからである。自己意識の考えることとそれ自身が、直ちに現実なのであるから、自己意識は現実に対して「観念論」の態度をとるのである。

自分をこのように（「観念論」として）理解することによって、自己意識には世界が今初めて現れたかのようである。

これまで自己意識は、世界を理解したのではなく、それを欲望し、（労働によって）加工し、（ストア主義の段階では）世界から自分自身の中に退いて、（スケプシス主義の段階では）自分のため

に世界を滅ぼし、また、意識としての自己自身――この意識は世界を実在と見る意識であると同時に、世界を無と見る意識でもあったが――をも滅ぼしたのである。

こうしているうちに、自己意識が真理としていたものの墳墓が失われ、自己意識の現実の消滅自身が消滅し、意識の個別性が自分にとってそれ自体として（客観的に）絶対的実在となって初めて、意識は、世界が自らの新しい現実的な世界であることを発見したのである。

かつては、自己意識は世界が消失することだけに関心があったのであるが、今では、この現実的世界が存続することに関心があるのである。なぜならば、世界が存続することが自己意識にとっては自己自身の真理であり現在の姿であるからである。すなわち、自己意識は世界のうちにただ自分だけを経験するにすぎないことを確信しているのである。（１７８～１７９）

H（64）しかしながら、自己意識は、自分だけで（主観的に）全ての実在であるのではなく、自らがこの実在となることによって、言い換えれば、自らを全ての実在として証明することによって初めて、それ自体として（客観的に）も全ての実在となるのである。

この証明は、次のような道程でなされた。

第一に、「思い込み」、「知覚」及び「悟性」（という対象意識）の弁証法的運動において、それ自体としての（客観的な）他的存在が消失し、第二には、「主人であること」と「召使であること」における意識の自立性による運動において、また、「自由の思想」と「スケプシス主義」の解放と自己分裂している意識（「不幸な意識」）の絶対的解放の戦いによる運動において、ただ意識に対して存在する限りの他的存在が、意識自身に対して消失するという道程においてのことである。

そこでは、相次いで二つの側面が登場した。

一つの側面は、意識にとっての実在あるいは真理は「存在」という規定をもち、もう一つの側面は、意識にとっての実在あるいは真理は、ただ「意識に対してのみある」（主観的にあるもの）にすぎないという規定をもっていた。

しかしこの二つの側面は、一つの真理に還元され、「存在するもの」あるいは「それ自体で（客観的に）あるもの」が存在するのは、それがただ「意識に対してある」限りにおいて存在するのであり、「意識に対してある」ものもまた、「それ自体として（客観的に）もある」ということになる。

このような真理に達した意識は、背後にこのような道程をもっているのであるが、意識はそのまま理性として登場してきたので、この道程を忘れているのである。

言い換えれば、そのまま登場してきた理性は、このような真理を単なる確信として登場してきたにすぎない。だから、この理性は、自分が全ての実在であることを断言するだけであり、このことを概念的に把握しているわけではないのである。（180～181）

二、観察する理性

H（65）理性は、真理を知ることを目ざして進んでいく。思念や知覚にとっての物であるものを概念として見いだすこと、すなわち、物であることの中に、自己自身の意識だけをもつことを目ざすのである。

だから、理性は今や、世界に一般的な関心をもつのである。

それは、理性が自己の現在を世界のうちにもつこと、言い換えれば、世界の現在は理性的であるという確信であるからである。（186）

（一）法則

H（66）区別項をきちんと区別し、それらにおいて、ある確固としたものをもつと信じていた観察（する理性）は、ある原理が他の原理を越えて現れ、移行と混乱が生じるのを経験する。ここにおいて、初めは全く別々だと考えたものが結び付けられており、結合されていると考えたものが分解されているのを観察は経験する。

観察は、自己の対象において自己の原理が混乱するのを見いだすのである。

なぜならば、規定されたものは、自己の本性（「規定されたもの」は、その反対のものである「規定されなかったもの」を「規定されなかったものではない」という形で含んでいる）によって、自己の反対のものの中に消えざるをえない（関係する）からである。

だから、理性は規定態から出て真実態にある自己と反対のものと関係するような観察へと進んでいかざるをえないのである。

今や理性の本能は、規定態を、本質的に自分だけであるのではなく、反対のものの中に移行するという自己の本性に従って探求することとなるので、法則と法則の概念を求めることとなる。

観察する意識（理性）にとっては、法則の真理は、感覚的存在が意識に対してとるような仕方で経験のうちにあるのであるが、法則が概念（思考と存在の同一性）のうちに、その真理をもつのでなければ、その法則は、何かある偶然的なものであって、必然性ではなく、言い換えれば、実際には法則ではないのである。

しかしながら、法則が本質的には概念としてあるということは、法則が観察に対してあるということに矛盾しないだけではなく、むしろそれ故に、法則は必然的に定在しており、また、観察に対してあるのである。

普遍妥当であるもの（法則）は、普遍的に通用してもいる。存在すべきものは、実際に存在もするのであり、単に存在すべきであるだけで実際には存在しないものは、真理ではないのである。

理性とは、実在をもつという確信に他ならず、意識にとって自己存在でないもの、すなわち、現象しないものは、意識にとっては全くの無だからである。（１９２～１９３）

（二）有機体

Ｈ（67）我々（哲学者）は、感覚的存在から自由である純粋な法則を、実験する意識の真理として見いだす。

つまり、この純粋な法則を、感覚的存在に現存する概念として見いだすのであるが、しかしこの概念は、感覚的存在のうちで自立しており、そして自由に運動している。また、感覚的存在のうちに埋没しながらも、それから自由で、単純な概念である。概念の単純態において、「過程」を自分にもっているような対象が、有機的なものである。

有機的なものは、このような「絶対的流動性」であり、そこでは、有機的なものをただ他者に対してだけあるとしているような規定は解体されている。

事実、有機的でないものは、規定を本質としてもっているので、他のものと一緒になって初めて概念の諸契機を完成するのであり、したがって、運動に入ると消えていくものであるが、これに対して有機的な実在においては、他者に対して自己を開いているあらゆる規定は、有機的な単純な統一のもとに結ばれている。

有機的なものは、自ら他者への関係自身のうちで自己を維持するのである。

有機的なものにおいては、原因と結果、能動的なものと受動的なものという、必然性においては互いに分離していた諸契機は、一者のうちに統合されているのである。

だからここでは、あるものがただ必然性の結果としてのみ現れるのではなくて、あるものは自己自身へ還帰しているのであるから、最後のものないし結果もまた、運動を始めるところの最初のものでもあり、あるものが実現するところの自分にとっての目的でもある。

有機的なものは、あるものを生みだすのではなく、ただ自らを維持するだけであり、言い換えれば、生みだされるものは、それが生みだされると同じように、既に現存しているものでもある。

（198）

（三）必然性

H（68）必然性は、起こってくるものにおいては、隠されており、終わりになって初めて現れるものであるが、まさにこの終わりが示すのは、必然性は最初にあったものでもあるというふうにして示すのである。

しかし、終わりが自己自身のこのような先行性を示すのは、行為が企てる変化によって、既にあったもの以外のものが出て来るのではないことによる。

言い換えると（逆から考えて）我々が最初のものから始めるとすれば、この最初のものは、終わりになって、言い換えれば、行為の結果において、ただ自己自身に帰っていくだけである。

そして、まさにそうすることによって、最初のものは、自己自身を終わりにもつようなものであることを示すのであり、したがって、最初のものは、最初のものとしては既に自らに帰ってきており、即自的（潜在的）にも対自的（顕在的）にも自己自身であることを示すのである。（１９９）

H（69）観察する理性は、実際に（自己意識をもつ個体性と全く別の「物」となった抽象的な外面性との対立の）頂点に達したことによって、理性は、その対立の頂点から自分自身を引き離し、方向転換しなくてはならない。

なぜならば、最悪な事態は、直ちに逆転する必然性を即自的（潜在的）にもっているからである。

ユダヤ民族についても同様に言われうることであるが、この民族は、救いの門のすぐ前に立っているが故に、神から最も見離された民族であり、また、そうであったと言えよう。

この民族は、絶対的にあるべきであったもの、すなわち、自分自身の本質を自覚せずに、これを彼岸に置いているのである。

しかし、もしこの民族が、自分の対象（彼岸に置いている自分自身の本質）を再び自分の中に取り戻すことができたならば、（自分の）存在の内部にそのままとどまっていたときよりも、（自分自身の本質を彼岸に）放棄したことによって、かえって、より高い定在（生活）を可能にするであろう。

なぜならば、精神は、自分に還帰するときの対立が大きければ大きいほど、大きな精神となって帰ってくるからである。（２５７）

Ｈ（70）精神が「存在する」ということは、精神は「物である」ということに他ならない。だから、精神、精神について「存在そのもの」とか「物的存在」ということが述語とされるときには、精神は「骨のようなものである」というのが正しい表現なのである。

したがって「精神が存在する」と純粋に言われることの正しい表現を見いだしたということは、極めて重要なことと言わなければならない。（２５９～２６０）

Ｍ　観察する理性は、自然（物から意識まで）を観察して、その中に自分自身を認めようとした。その最終的な帰結として「精神は骨(物)である」という(区別を欠く無限)判断に達したのであった。

理性は、（自然という）存在の中に、自分自身を認めようとして「骨」という存在の中に自分自身を見いだすという極端な結論に達したのであるが、これを境に、理性は、存在の中に自分自身を見いだすこと（観察する理性）から、存在の中に自分自身を定立しようとする方向（行為する理性）へと転換していくのである。

三、行為する理性

H（71）自己意識は、物（現実）が自己であり、自己が物（現実）であることに気づいた。自己意識は、それ自体としては（本来的には）対象的現実であるということが、自己意識に自覚されたのである。

自己意識の自分は全ての実在であるという確信は、もはや直接的確信ではない。今や確信は、直接的な物（現実）一般を止揚されたものという形式でとらえているのであるから、対象性としての直接的なものは、まだ表面でしかなく、その表面の内なるものの本質は自己意識自身であることを知っているのである。

だから、自己意識が肯定的に関係する対象は自己意識である。対象は物の形式をとっており、自立しているのだが、今や自己意識は、このような自立的な対象が、自分にとって疎遠ではないと確信している。

したがって、自己意識は、それ自体としては（潜在的には）自分が対象から承認されているということを知っているのである。

この自己意識は、自分を二重の自己意識とし、両者をそれぞれ自立させながら自己自身と一体であると確信している精神である。

今や自己意識は、この自己意識の（主観的）確信を（客観的）真理にまで高めなければならない。自己意識に当てはまること、すなわち、自己意識が自体的（潜在的）に存在し内的確信という形で存在することが、自己意識に自覚されなければならないのである。

自己意識の現実化の一般的な諸段階は、これまでの（意識の）発展行程と比較することによって大体において既に明らかである。

すなわち、「観察する理性」がカテゴリーの場において、意識の運動、つまり感覚的確信と知覚と悟性をくり返したように、（自己を実現する）理性も、自己意識の二重の運動をくり返して、自己意識の自立性からその自由へと移行していくであろう。

第一に、「行為する理性」は、自己自身を、一人の個人として意識しているにすぎず、そのような個人として自己の現実性を他者の中に求め、生みださざるをえない。

次に、個人の意識が普遍性に高まることによって、個人は普遍的理性となり、自己自身を理性として絶対的に承認されたものとして意識している。

この承認されたものは、自己の純粋な意識のうちに全ての自己意識を包括している。

このように、全ての自己意識を包括しているものは、「単一な精神的実在」であるが、その実在が同時に意識されることによって、それは「現実的な実体」である。

この実体のうちでは、これまでの意識の諸形式は、絶えずこの自らの根拠（実体）のうちへ帰っていくのである。

その結果、意識の諸形式は、根拠が生成する上での個々の契機にすぎないのである。

確かに、これらの契機は孤立していて、それぞれ固有の形態として現れるけれども、実際には、根拠によって支えられた定在であり現実であるにすぎないが、これらの契機は、根拠自身のうちにあり、かつ、そこにとどまる限りにおいて、自己の真実態をもつのである。（２６３〜２６４）

M　ここに表されている「単一な精神的実在」とか「現実的な実体」というものが、「行為する理性」が目標として進んでいく「人倫の国」である。

（一）人倫の国

H（72）この「人倫の国」は、諸々の個人が自立的な現実性をもちながら、自らの本質が絶対的な精神的統一を保っていることに他ならない。

つまり、「人倫」とは、潜在的な普遍的自己意識であり、それは他の自己意識のうちでこそ現実的なのである。ギリシャ民族の生活（ポリス）のうちに、実際に自己意識的理性の現実化という概念は、その完成された実在をもっている。

理性は、流動的な普遍的実体として、また、普遍の単一な物性として現存しており、同時に理性は、光が多数の自分で輝いている点としての星に分散するように、多くの完全に自立した存在者の中に分散しているのである。

つまり、この存在者たちは、自らの個別性を犠牲にして、この普遍的な実体を自らの魂とし、また本質とすることによって、個々の自立的存在者であることを自覚しているのである。

それと同じように、この普遍的なものも、個別者としての存在者の行為であり、言い換えれば、存在者によって生みだされた「作品」である。（２６４～２６５）

H（73）自らのためにする個人の労働は、自己自身の欲求の満足であると全く同様に、他者の欲求の満足でもあり、そして、他者の労働によってのみ個人は自己自身の欲求の満足に達するのである。

ここでは、相互的でないようなものもなく、個人の自立性を解体することにおいて、この自立性が自己自身を否定することにおいて、自分だけで存在するという肯定的な意義を得るのである。私は、全ての人々において彼らが私によって存在しているのと同様に、他人自身によって存在しているという他人との自由な統一を直観する。他人を私として、私を他人として、私は直観するのである。

自由な民族のうちには、本当に理性が現実化している。この理性は、現在する生きた精神である。古代の最も知恵のある人々は、次のような箴言を残している。知恵と徳とは、その民族の習俗（生活様式）に従って生きるところにあるのだ、と。（265〜266）

M　だが、「人倫の国」を目ざす現実の自己意識（個人）は、自己の欲求の充足を目的とし他の自己意識を否定するところの個別的自己意識である。

（二）快楽と必然性（運命）

H（74）この個別的精神（自己意識）は、個別者という規定の中で自分を二重化すること、すなわち、自分を「この自分」として、また、存在する「この自分の像」として生みだすこと、そして、自分の現実（「この自分」）と対象的な実在（「この自分の像」）との統一を自覚するようになるという目的をもって、自分の前に見いだした世界のうちに歩み入るところの実践的な意識（行為する理性）となるのである。自己意識がまだ人倫的実体になっていないという側面からは、人倫的な世界を目ざす経験をするという運動において廃棄されるものは、自己意識には自分が孤立していると思われている個別的な契機である。（２６８）

H（75）自己意識の最初の目的は、直接的で抽象的な自分だけでの存在であり、言い換えれば、自分を他者のうちにあるこの個人として、あるいは、他の自己意識を自分として直観すること（「快楽」）である。（２６９）

M　ここに「快楽」というのは、西洋史においては、中世の神中心世界から解放されたルネサンス期の人間の生き方を、個人レベルでは、男女の愛を表していると解説される。

H（76）自己意識は、「快楽」の享受に、言い換えれば、二つの自立している自己意識の統一を直観することに行きつくのである。

こうして、自己意識は、自分の目的に到達するが、まさに到達することによって、目的の真理は何であるかということを経験するのである。

自己意識は、自分をこの個別の自分だけで存在する実在として把握するのであるが、この目的の実現は、それ自体、目的をなくしてしまうことである。なぜならば、自己意識にとって自分が対象になるのは、この個人としてではなく、自分自身と他の自己意識との統一としてであり、従って、止揚された個人として、言い換えれば、普遍的なものとしてであるからである。

「快楽」の享受は確かに、自分自身が対象的な自己意識になったという肯定的な意義をもっているが、しかし同時に、自分自身を止揚したという否定的な意義をもっている。

「快楽」を享受している自己意識にとって、自分の本質として対象となるものが何であるかと言えば、空虚な本質、すなわち、純粋な統一、純粋な区別、そしてそれらの関係の展開であり、個人が自分の本質として経験するところの対象は、これ以上の内容をもたないのである。

この対象が「必然性」と呼ばれるものである。

なぜならば「必然性」とか「運命」とかいうものは、それが何をするか、それの明確な法則や積極的な内容が何であるかについて言うことができないところのものであり、それらの働きは、個別性を無とすることに他ならないからである。

ここでは意識に、（次のような）移行が生じている。

一者（個別性）の形式から普遍性の形式に、他者との共同を投げ捨てた純粋な自分だけでの存在の目的からその純粋な反対に、すなわち、そのようにしてもやはり抽象的なものであるそれ自体としての存在（共同生活）への移行が生じているのである。

このことによって、個別性の絶対的無情さは、連続している現実に当たって砕け散ってしまったようである。個人は、自分の生命（普遍性）を受け取ったのであるが、そうすることによって（個別性の）死を受け取ったのである。

このように、「必然性」を自分であると知って、意識が自分自身のうちへ反省することは、自己意識の新しい形態である。

この自己意識の新しい形態は、自分自身を「必然性」として認めており、自分の中に、普遍的

なもの、あるいは「法則」（心の法則）をもっていることを知っている。（272〜275）

M　この「心の法則」は、個体の欲望や自然性を克服していないところの低い普遍性をもつ「法則」であり現実に実現されることはない。

（三）心の法則と世間

H（77）「この」心には、ひとつの現実が対立して現れる。

この他者（現実）は、実現されるべきものの正反対のもの、したがって、法則と個別性との矛盾であるひとつの現実として規定される。

だから、この現実は、一方ではそれによって個別の個人が抑圧される法則であり「心の法則」に矛盾するところの「世間」という暴力的な秩序であり、他方では、「心の法則」に従うのではなく、疎遠な必然性に隷属しているところの暴力的な秩序の下にあって苦しんでいる人間である。だから、「心の法則」に矛盾しているこの必然性と、必然性によって現存している苦しみを廃棄することをこの個人はめざしているのである。（275〜276）

H（78）「心の法則」は、自分を現実化することによって、「心の法則」であることを止める。なぜならば、「心の法則」は自分を現実化することで、「存在」という形式を取得して今や普遍的な威力であり、普遍的な威力にとっては、「この」心はどうでもよいものだからである。

したがって、個人は自分自身の秩序を作りだすことによって、この秩序をもはや自分のものと思えなくなるのである。

だから、個人が自分の法則を実現することによって生みだすのは、自分の法則ではないのである。秩序は、本来は個人のものであるが、実現されると個人にとって疎遠なものとなるので、個人が生みだすのは、現実の秩序に自分を巻き込むこと、しかも個人にとって単なる疎遠なものとしてではなく、敵対的で強大な力としての秩序の中に自分を巻き込むことであるにすぎないのである。（277）

M　「行動」とは各人の「心の法則」の現実化であるが故に、他者の「心の法則」・「行動」と対立することになる。

H　(79)　行動するということは、個人が自分の本質を（自分から）自由な現実として定立すること、すなわち、現実を自分の本質として承認することであるという意味をもっている。

しかしながら、実際には、「この」個人の心だけが、「その」行動の中に自分の現実を定立しており、行動は自分の快楽・欲求を表しているのである。個人の行動は、普遍的なものとしてそのまま妥当すべきであると言っても、個人の行動と言うのは、本当はある特殊なものであり、ただ普遍性の形式をもつにすぎない。

だから、個人の行動の特殊な内容のうちに、他の人々は、自分たちの「心の法則」が実現されているのを見いだすのではなく、むしろ、ある他人の法則が実現されていることに気づくのである。（278）

M　他者と対立することによって私は、他者は疎遠なものであると気づき、疎外感にとらえられるが、このような「現実」も、自分の「心の法則」の現実化としての行動が引き起こした結果であるから自分自身の「現実」でもある。そこで意識は「錯乱」に陥るが、考えてみれば、このような「現実」は、私や他の人々の「心の法則」が現実化したものの相対立する不安定な集合体であり、いわゆる「世間」という「秩序」である。

H（80）今では意識は、「現実」が万人の意識によって生命を与えられており、万人の「心の法則」であることに気づく。

意識は、「現実」は生命を与えられた「秩序」であるという経験をすると同時に、実際には意識は、自分の「心の法則」を実現することによって、このことを経験するのである。なぜならば、自分の心を実現することは、個体性が普遍的なものとして、自分にとって対象となる以外のことではないからである。

しかしこの意識は、この対象のうちに自分が含まれていることに気づかないのである。自己意識にとって、自分たちの経験から真理として生じるものは、この意識が自覚している自分の姿とは矛盾している。

しかしながら、この意識が自覚している自分の姿も、この意識にとっては絶対的な普遍性の形式をとっており、それは自己意識と直接的に一つであるところの「心の法則」である。これと同時に、存立し生きている「秩序」も、やはり自己意識自身の本質であり「仕事」である。

自己意識の生みだすものは、この「秩序」以外のものではなく、この「秩序」も「心の法則」

と同様に、自己意識との直接的な統一の中にある。このように自己意識は、「心の法則」と「秩序」という二重の相対立する本質に属しているので、自分自身において矛盾しており、内面の最も深いところで「錯乱」しているのである。（279）

H（81）「現行の法則」（「秩序」）が、一人の「個人の法則」（「心の法則」）に対して弁護されるのは、「現行の法則」が精神のない空虚な死んだ必然性ではなく、精神をもった普遍性であり実体であるからである。

それらの普遍性や実体は、それらにおいて、個人が現実をもち、個人として生き、自分自身を知るものである。

そのため、たとえ個人がこの秩序について、それが内面の法則に反するかのように不平を並べたり、この秩序に対抗する心の思い込みをもつことがあろうとも、実際にはこの秩序に、自分たちの本質として心から依存しており、そして、この秩序が個人から奪われるならば、言い換えると、個人が秩序の外に出ていくとすれば、個人は全てを失うのである。この点にこそ、「公の秩序」の現実性と威力は現存するのであるから、この秩序は自分自身に等しく、普遍的な生きた本質として、また、個人はこの「秩序」の形式として現れることになる。

しかしながら、この「秩序」は、やはり転倒したものである。

なぜならば、この「秩序」は、全ての「心の法則」であること、全ての人々の心が直接的にこの普遍的なものであること、この点においてこの「秩序」は、ひとつの「現実」であるが、この「現実」は、自立している個人の、言い換えると、（自分の）心の「現実」にすぎないからである。

だから、自分の「心の法則」を立てるところの意識は、他の人々から抵抗を受けるのである。なぜならば、自分の「心の法則」が他の人々の心の個別的な法則に矛盾しているからである。そして、他の人々が抵抗する際に行うことは、自分たちの法則を定め、それを認めさせること以外のものではない。

だから、現存する普遍的なものとは、一般的な（万人の）抵抗であり、全ての人々相互の（万人の万人に対する）戦いであるにすぎず、この戦いにおいて、各人は自分自身の個別性を主張するが、しかし同時に、その主張を手に入れることにはならない。なぜならば、個別性は各人の抵抗を受け、他の人々によって解体されるからである。

したがって、「公の秩序」と見えるものも、この万人の（万人に対する）戦いであり、この戦いにおいて各人は、自分にできることを独占し、他の人の個別性に対して正義を行使して自分の正義を確保するが、この正義もやはり、他人によって消失するのである。

「公の秩序」とは「世の成り行き」であり、外観上、永続的に推移していくものではあるが、ひとつの思い込まれた普遍性にすぎず、その内容は、個別性の固定とその解体とをくり返す精神のない遊戯にすぎない。（２８１〜２８２）

Ｍ　「公の秩序」、「世間」、「世の成り行き」には、個人の利益を追求する個別性が相争う側面の他に、本来的に真であり善であるという側面があるが、後者の側面を実現するためには、個別性を犠牲にしなければならない。個別性を犠牲にする新しい意識の形態が「徳」である。

（四）善と個別性

H（82）「徳」の目的は、転倒した「世の成り行き」を再び転倒することによって「世の成り行き」の本質を出現させることである。

この真の本質は、「世の成り行き」においては、まだやっと潜在態としてあるにすぎない。つまり、まだ現実的ではないから、「徳」は、その潜在的であるものを信じるだけである。

「徳」の目的と真の本質は、「世の成り行き」の「現実」に打ち勝つことであり、そうすることによって、「善」の存在がもたらされるならば、これをもって「徳」の行為は止む、言い換えれば、個別性の意識は止むのである。（２８５）

H（83）「善」なるものは、「世の成り行き」に対する戦いにおいて出現してくる。ここに出現してくるような「善」なるもの、あるいは、普遍的なものとは、「素質」とか「能力」とか「力」とか呼ばれるものである。

これらのものは、精神的なものの一つの在り方であり、この在り方にあっては、精神的なものは、ある普遍的なものとして表象されており、こういう普遍的なものが生命を与えられ運動するためには、個別性の原理を必要としており、個別性のうちに自分の現実をもっている。

有徳の意識が「世の成り行き」に対する戦いに入るのは、「世の成り行き」が「善」なるものの正反対だと考えるからである。

つまり、「世の成り行き」が有徳の意識に差し出すものは、普遍的なもの、それも抽象的に普遍的なものではなく、個別性によって生命を与えられたものとしての普遍的なものであり、言い換えれば、現実の「善」なるものである。

だから、「世の成り行き」は、「徳」にとっては傷つけられないものである。

「徳」は、「世の成り行き」によって打ち負かされる。

それは、抽象的で非現実的な本質を実際には「徳」が自分の目的としているからである。

意識は、自分の「世の成り行き」との戦いにおいて、「世の成り行き」は意識の目に見えたようには悪いものではないことを経験した。

なぜならば、「世の成り行き」の現実は、普遍的なものの現実であるからである。

この経験とともに、個別性を犠牲にすることによって「善」なるものを作りだすという方法・手段は崩れ去るのである。

なぜならば、個別性こそはまさに、潜在的に存在するものを現実化するものだからである。

おそらく、世の中の個人は、利己的にのみ行動すると思い込んでいるとしても、彼らは、自分が思い込んでいるよりもよいものであり、彼らの行為は、自分だけでの行為であると同時に本来的に存在するところの普遍的な行為なのである。

個人が利己的に行動するときには、その人は自分が何をしているかを知らないだけのことである。（286〜291）

M　個別性の本質・目的の現実化（行為・行動）が自らの真理であり現実となった。

（五）目的の現実化

H（84）行為するということは、何ものも変えないし、何ものに対しても逆らうものでもない。つまり、行為するということは、見られないものを見られるものへ移し換える純粋に形式上のことである。そして、明るみにもたらされて表現されるところの内容は、この行為が既に潜在的にそうであったところのものに他ならないのである。（２９３）


H（85）意識に、自分が潜在的に何であるかが自覚されるためには、意識は行動しなければならない。行動することこそ、意識としての精神を生成させることなのである。

だから意識は、自分が潜在的に何であるかということを自分の現実から知るのである。

したがって、個別性は、行為によって自分を現実にもたらす前には、自分が何であるかということを知ることはできないのである。

個人は、自分の「目的」でなければならないところの自分の根源的な本質を行動することによって初めて知るようになるのであるが、行動するためには、あらかじめ「目的」をもっていなければならない。

個人は、しかしだからこそ、直接的に始めなければならず、いかなる場合においても、何から始めるか（始め）、何を手段とするか（手段）、終わりをどうするか（終わり）について、あれこれ思い煩うことなく行動へと着手しなければならない。

なぜならば、個人の本質と生得の素質は、「始め」、「手段」そして「終わり」という一連の中にある全てであるからである。

行動の「始め」として、生得の「素質」は行動する環境の中に現存しており、個人が何かについて見いだすところの「関心」は、行動すべきかどうか、また、ここで何をすべきかという問いに対する既に与えられた答えである。

なぜならば、既に見いだされた現実であるかのごとく見えるものも、もともと個人の生得の素質であって、それは存在するかのごとく見えるもの（仮象）をもつにすぎないからである。この仮象は、個人が現実において見いだす「関心」のうちに、個人の生得の素質として言い表されている。

同様に、いかに行為するかということも、言い換えると「手段」も、生得の素質によって絶対的に決まっているのである。

個人が何をしようと、また、個人に何が起ころうと、それは個人が行ったことであり、個人自身である。

つまり、個人は自分自身を、「可能性の夜」から「可能性の現前する昼」へ、抽象的な潜在態を現実の存在という意味へとただ移すことができるという意識にすぎず、また、「昼」のうちに個人に現れることは「夜」のうちに眠っていたものに他ならないという確信をもつことができるにすぎないのである。（２９６〜２９９）

M　このように意識（個人）が自分を現実化したものが「仕事」（「作品」とも訳される）である。

（六）仕事（作品）

H（86）「仕事」は、意識が自分に与えるところの実在性である。

「仕事」はそこにおいて、個人がもともと何であるかを自覚的にするものであるから、「仕事」において生成してくる意識は特殊な意識ではなく、普遍的な意識である。

意識は一般に、「仕事」において、自分を普遍性の場に、存在という規定のない空間に移したのである。

「仕事」は、他の個人たちに対して存在しているのであるが、他の個人たちにとっては疎遠な現実である。だから、ある個人がなした現実（仕事）の代わりに自分たちの現実（仕事）を定立し、自分たちの行為によって現実との一体性という意識を自分たちに与えなければならないのである。言い換えると、ある個人のその「仕事」に関して、他の個人たちの根源的な素質によって定立された彼らの関心は、その「仕事」がもっていた本来の関心とは別のものであるから、その「仕事」は、何か別のものにされてしまっているのである。

だから、「仕事」は（それを行う個人の実在化であると言っても完成されて固定化されるものではなく、）移ろいゆくものであり、他者の力や関心に敵対されて消されてしまい、個人の実在性を成し遂げられたものとしてよりも、むしろ消えていくものとして表現されるのである。（３００〜３０１）

Ｍ　行為は、「仕事」という形をとることにより、他者の評価を受け、「移ろいゆくもの」となるとともに、意欲と結果、目的と手段などに食い違いや対立があると、意図していたこと（目的）と異なる結果（存在）となるという意味で、「行為の偶然性」が生じることもあるが、しかし行為は、実際に目的とされた（たとえ、それが意図しなかった目的であったとしても）ものを現実化（存在）

させることである。すなわち、行為と存在が一致（統一）していることは否定できないのである。

H（87）意識にとっては、自分の仕事について、意欲することと遂行すること、目的と手段、そして、これらの内的なものが一緒になったものと現実自身との対立が生じてくる（ことがある）。こういう対立が生じて来ることは、自分の行為の「偶然性」を自分の中に包含することであるが、しかし、同時にまた、行為の「統一性」と「必然性」も現存しており、この側面が、「偶然性」の側面を越えて拡がり、行為の「偶然性」についての経験が、それ自身単なるひとつの偶然的な経験にすぎないことになるのである。

行為の「必然性」は、目的が端的に現実に関係づけられていることのうちにあり、この「必然性」と現実の統一が行為の概念である。

すなわち、行為は行われるのであり、それは、行為が絶対的に現実の本質だからである。（302～303）

（七）「事そのもの」――精神の登場

H（88）このようにして意識は、（偶然的なものでしかない）自分の過ぎゆく仕事から自分のうちへ還帰し、存在するものとして、また、持続するものとして自分の概念と確信とを、行為のもつ「偶然性」についての経験に対抗して主張するのである。

意識は現実を消失する契機として経験するので、現実は、意識にとっては単なる存在一般（ただ有るというだけのもの）として価値があるにすぎず、存在は行為と同一である。

この存在と行為との統一が、真実の仕事であり、真実の仕事が「事そのもの」である。「事そのもの」は、自分をどこまでも主張し、持続するものとして経験され、環境、手段、そして現実（結果）といった個々の行為そのものの偶然性である「事」からは独立している。「事そのもの」は、本質的には、現実（客観）と個人（主体）の相互浸透として、両者の統一である。このように、「事そのもの」は、「精神的本質」を表しており、そこにおいては、自分自身についての確信が意識にとっての対象的実在であり、この自己意識から自分のものとして生みだされた対象は、自由で本来的な対象であることを止めないものである。

「事そのもの」においては、個人と対象（現実）自身との相互浸透の対象化されたものとして、自己意識には自分についての真の概念が生じている。言い換えれば、自己意識は自分の実体の意識に達したのである。（３０３〜３０５）

H（89）「事そのもの」は、個人によって浸透された「実体」であり、個人が、この個人としても、また、全ての個人としても存在しているところの「主体」である。（３１０）

M「事そのもの」に関するヘーゲルの説明は、まわりくどくて分かりにくい。参考として、イポリットを引用しておく。

〈事そのもの〉は、対象性であるとともに対象性が止揚されたものであり、実在する事であると同時に自己意識の行動なのである。

もっとはっきりいおう。

それは、自己意識の行動を通してみられた〈事〉なのである。

仕事は、それ自身で価値があるのではない。

仕事に価値があるのは、仕事が自己意識の生成の過程を通して、ほんらいの仕事とされるときにであり、また、仕事が持続する試練をへて、精神に対する自分の意味をみいだしたときになのである。（前掲書　４２６頁）

M　『精神現象学』は、精神自身が未熟な段階から高度な段階へと成長していく道程であるならば、「事そのもの」において普遍的自己意識の生成を見た段階で終わってよいかもしれない。
だが、『精神現象学』はまだ続くのである。

これからは、精神が自らの本質を世界（とくに西欧）の歴史においてどのように展開させていったかが叙述される。

第四章　精神

第四章　精神

Ｈ（90）理性が精神となるのは、全ての実在であるという理性の確信が、客観的真理へと高められ、また、理性が自分自身を自分の世界として、また、世界を自分自身と意識することによってである。

一、精神は実体であり、全ての人々にとっての普遍的な自己同一的で永続的な本質であるから、全ての人々の行為の、不動の、解体できない根拠であり出発点であり、全ての自己意識の考えられた即自（潜在的にあるもの）として目的であり目標である。

二、この実体は、全ての人々の、また、各人の行為を介して彼等の統一性と同一性を表すものとして生みだされる普遍的な仕事である。なぜならば、この実体は、それだけで存在するものであり、自己であり、行為であるからである。

三、精神は、実体としては、不動の正しい自己同一性であるが、対自存在（それ自体）としては、解体され、自分を犠牲にする慈悲深い実在であり、各人はこの実在を頼りにして（行為するときに手掛かりとして）自分の仕事を完成し、普遍的な存在を引き裂いて（万人のものであることを否定して）、そこから自分の分け前を受け取るのである。

実在が解体し個別化することこそ、全ての人々が行為し自己となる契機である。

この契機は、精神の実体の運動であり魂であり、そして、運動によって実現された普遍的本質としての精神である。

精神は、それが直接的な真理という意味では、ひとつの民族の共同体秩序に基づく生活のことであり、個人でもあり、ひとつの世間（世界）でもある。（３２４〜３２６）

一、古代ギリシャの世界

（一）真実な精神・人倫

a、人間の掟

H（91）現に存在して通用している精神、こういう精神は、本質的に自分自身を意識した現実（国家）という形式をとるので、「人間の掟」と呼ばれることができる。

この精神は、普遍性の形式においては、世に知られた掟（法律）であり、現存する共同体秩序である。個別性の形式においては、個人一般のうちに自分自身を現実に確信することである。統治の形式においては、単一な個人として自分を確信することである。（３２９）

b、神々の掟

H（92）共同体秩序の威力と公明さには、「神々の掟」という他の威力が対立している。（３３０）

c、家族

H（93）自然的人倫的共同体とは「家族」のことである。

「家族」は、共同体秩序という意識を欠いた概念であり、自分を意識している現実（国家）に対立しており、民族の現実の場としては、民族そのものに対立しており、共同体秩序の直接的な存在としては、一般的なもののための労働を介して自分を形式し維持している共同体秩序に対立している。

要するに、家族の守護神としては、普遍的な精神に対立しているのである。（３３０）

H（94）個人は、市民としてのみ現実的であり実体的であるのだから、市民ではなく家族に属しているような個人は、ただ非現実的で無力な影法師にすぎない。

個人そのものが到達する普遍態は、純粋な存在であり死である。

この存在は、直接的、自然的にそうなった存在であり、ある意識の行為ではない。

したがって、家族の成員の義務は、この意識の行為という側面を付け加えて、個人のこの最終の在り方、つまり、普遍的な在り方が、ただ単に自然に属するにとどまらず、また、何かある非理性的なもののままにとどまらずに、個人の最終的な在り方が意識によってなされたものであり、その在り方のうちに意識の権利が主張されるようにする（埋葬する）ことである。（３３２）

d、二つの掟の関係

H（95）男は、家族の精神から共同体へ送り出されて、その中に自分の自己意識的本質を見いだす。

そうすることによって、家族は共同体のうちに自分の普遍的な実体と存立とをもつのであるが、それとは逆にこの共同体の方も、家族において自分の現実を支える形式的な場をもち、神々の掟において自分の力とその確証とをもつのである。

人間の掟と神々の掟の両者とも、単独では完全ではない。

人間の掟は、その生き生きとした運動において神々の掟から出ていき、地上で妥当する掟は地下の掟から、意識的な掟は無意識的な掟から、媒介は無媒介から出ていき、やはりまた、それが出てきたところへ帰っていく。

これに対して地下の威力は、地上において自分の現実をもち、意識を介して存在となり行為となるのである。（３３８〜３３９）

（二）人倫的行動

a、人倫的秩序と個人

Ｈ（96）この人倫の（共同体的秩序の）国においては、（普遍的なものと個別的なものの）対立の状態にあるけれども、自己意識は何らかの「行為」をするまでは、まだ本来の個別的な個人としては現れて来ない。

「行為」こそが現実の自分である。しかしながら、「行為」は、人倫的世界（共同体的秩序の支配する国）の静的な組織と安定した運動を乱すものである。

この世界においては、人間の掟と神々の掟の両方の実在の秩序と調和として現れてくるものは、互いに一方が他方を確証しあって完全なものにするのであるが、それが「行為」のせいで互いに対立し、相互に移行するものとなる。

この移行においては、いずれもが他方の確証をするというよりも、むしろ自分と他方の価値のなさを示すのである。

つまり、恐ろしい運命の否定的運動あるいは永遠の必然性となり、この必然性は、神々の掟と人間の掟とを、また、そこにおいてこれら二つの掟の威力が定在をもつところの両方の自己意識(男と女)をも必然性という深淵の中に飲み込むのである。

共同体的秩序のもとにある意識は、自分が何をなすべきかを知っており、神々の掟に属すべきか、あるいは、人間の掟に属すべきかは、あらかじめ決定されているのである。

したがって、意識にとっては、ひとつの掟だけが実在であるが、他方では、この共同体秩序の威力は、意識の自己(意識たらしめているもの)の中で現実的なものとなるものであり、これらの二つの威力は、互いに排斥しあい、対立しあって存在しているという意味をもつことになる。

この二つの威力は、共同体秩序の国(人倫の国)においては、潜在的に存在するだけであるのに、自己意識においては、顕在的に存在しているのである。

共同体秩序の意識にとっては、二つの威力の本質は等しくない。

だから、この対立は、義務がただ不正な現実とだけかかわる不幸な衝突として現れてくる。

共同体秩序の意識は、自己意識としては、この対立のうちにある。

そして、このような対立のうちにある自己意識として、自分が属している掟に、この対立する現実を力によって従わせるか、あるいは、その現実をだますかするのである。

共同体秩序の意識は、ただ一方の側にだけ正義を、他方には不正義を見るのであるから、二つの掟のうちで神々の掟に属する意識は、他の側に人間の偶然の暴力行為を見いだすが、人間の掟に割り当てられている意識は、他の側に内的な自立存在のわがままと不服従とを見いだすのであ

る。（３４３～３４５）

Ｈ（97）共同体の実在（本質）は、自己意識のうちにのみ、その定在と威力をもっているのであり、この実在（本質）に対立するのは、自己意識の行為である。なぜならば、自己意識は、自分を自己と認めて行為にとりかかるときに、共同体の単一な直接態から外へ出て、自ら分裂を作り出すからである。

直接的な真理の単一な確信であるという共同体秩序の規定を放棄し、自分自身を、行為としての自分と、自分に対立しているもの、すなわち、自分自身にとって否定的な現実とに分離するからである。（３４５）

b、行為と罪

Ｈ（98）自己意識は、行為によって罪を負うことになる。

なぜならば、単一な共同体の意識として、自己意識は一方の掟に向かうが、他方の掟は拒絶し自分の行為によって侵害するからである。（３４６）

Ｍ　この辺りのヘーゲルの叙述を理解するためには、ヘーゲルが「あらゆる時代の芸術品のうちで最も崇高な、いかなる点からみても最も秀抜なものの一つである『アンティゴネ』」と絶賛する古代ギリシャ三大悲劇詩人の一人であるソフォクレス（ソポクレース）の作品の概要に触れておかねばならない。ヘーゲルの『美学』には次のように紹介されている。

国家の公共の掟と、内心の家族愛や兄に対する義務とが相剋の関係をもって対立し、女人アンティゴネは家族的関心を、（アンティゴネたちの叔父でテバイの王）クレオンは共同体の安寧をパトスとして相争うのである。

おのが祖国（テバイ）に弓をひいた（アンティゴネの兄）ポリュネイケスはテバイの城門のまえに倒れ、支配者クレオンは、公布された掟をもって、いやしくも国家の敵に埋葬の礼をつくす者あらば、なんぴとといえども極刑に処すると威嚇する。

しかしアンティゴネは、この単に国家の公安に関する命令に従わず、兄への敬虔な愛に従って、妹として神聖な埋葬の義務を遂行する。

その際、彼女は神々の掟に拠っているが、しかし彼女の崇拝する神々は、地下にいるハデスの神々であり、感情や愛や血縁をつかさどる内心の神であって、自由な、自覚的な民族生活や国家生活をつかさどる白日の神ではない。（『美学』第二部第二篇第一章　竹内敏雄　訳　岩波書店　１１４５〜１１４６頁）

H（99）自己意識が、神々の掟に身をゆだねた場合でも人間の掟に身をゆだねた場合でも同様であるが、自己意識にとって明らかな掟は、本質においては、対立する掟と結合されており、本質は両者の統一であり、行為は、他方の掟に対して一方の掟だけを実行したのである。

しかしながら、本質においては他方の掟と結合されているので、一方の掟の履行は他方の掟を呼び起こすこととなり、そのために他方の掟がなしたのは、侵害され、今や敵意をもって復讐を要求している本質としての行為であった。

行動するものは、罪を犯すことや自分の罪責を否認することはできない。行為というものは、動いていないものを動かし、まだやっと可能性のうちに閉じ込められているものを取り出し、このようにして、意識されないものを意識されているものに、非存在を存在に結び付けることである。このように、行為をなすものは、行為の性質故に、自分の属する掟に対立している掟（アンティゴネの場合は、国王の命令）を自分の現実として認めざるをえないのである。

つまり、意識は、自分の属する掟を裏切るという罪を認めざるをえないのである。

「我々は苦しむが故に罪を犯したことを認める。」（ソポクレース『アンティゴネ』より）

この「認める」ということは、共同体の目的と現実の内部分裂が廃棄されたことを表しており、また、正義以外の何ものも妥当しないことを知っているところの共同体的心情への還帰を表している。

しかしながら、これとともに、行動するものは、自分の性格（自分が属している掟があらかじめ決定されていること）と自己の現実を廃棄し、没落しているのである。

行動するものが存在するということは、自分の実体である自分の掟に密接に結ばれているということであるが、自分に対立する掟を「認める」ようになると、自分の属する掟は、行動するものにとっては実体であることを止めてしまっており、行動するものは、自分の現実に到達する代わりに、自分の非現実に、すなわち、共同体の心情に到達したのである。

（こうして）共同体の二つの威力（掟）相互間の運動、また、二つの威力を生命と行動のうちに置いている二人の個人（例えば前述のアンティゴネとクレオン）間の運動が真の終わりに達するのは、両者が同じ没落を経験することにおいてである。両者が同じように降伏することによって初めて、絶対的な正義が成し遂げられたのであり、共同体の実体が両者を飲み込むところの否定的な力として、言い換えれば、全能かつ公正な「運命」として登場してきているのである。（３４８～３４９）

c、共同体の崩壊

H（100）共同体は、家族の幸福を妨害することと個別的な自己意識を普遍的な自己意識のうちへ解消することによってのみ、自分の現存を得る。

共同体の否定的側面は、共同体の内部に向かっては、個人が個別化することを抑圧することであり、外部に向かっては、自発的に活動することである。（３５２～３５３）

M　したがって、国家の掟と家族の掟との調和がなくなり、「個人の個別化」が進むことによって、人倫の国（古代ギリシャのポリス）は崩壊していくのである。

二、古代ローマの世界

（一）孤立化した個人

H（101）（ギリシャのポリスにおける）個人と実体（ポリスの本質）との生き生きとした直接的な統一が還帰していくところの普遍的な統一は、「精神のない共同体」（ローマ帝国）であり、個人が自分自身で無意識の実体であること（無意識ながら個人がポリスの本質であったこと）を止めてしまったものであり、だから、そこでは、個人たちは、今や自分の個々の自立存在として実体として認められるのである。

普遍的なものは、「絶対的多数の個人」という原子に分散し、この死んだ精神は「平等」であり、そこでは、万人が各人として、「人格」として認められるのである。

世界の主人（ローマ帝国皇帝）は、自分に対立する臣下の自己に対して自分が行使するところの破壊的な力において、自分がいかなるものであるか、すなわち、現実的な威力であることを現実に意識している。

なぜならば、主人の威力は、共同体世界のように精神の一致にあるのではないからである。個人たちは、（法的な）「人格」として自立的に存在しており、彼らの「点」の性質の絶対的な脆さのために、他者とのつながりを排除するのである。

だから、個人たちは、お互いに対しても、彼らを関係づけるもの、あるいは、つながりとなるものである主人に対しても、否定的関係にあるように、ただ否定的な関係のうちにだけ存在する

のである。(355〜358)

(二) 個人と対立する世界

H(102)絶対的に孤立している自己(アトムとしての自己)である(法的状態にある)精神は、自分の(作品である)内容(世界)を厳しい現実として自分に対立させており、世界は、ここでは 自己意識の外面的なもの・否定的なものという規定をもっている。

しかしながら、この世界も、精神的実在であり、本来的には存在と個人との相互浸透である。つまり、この世界が定在するのは、自己意識の作品であるからであるが、しかし、やはり直接的に現存する現実であり、自己意識にとっては、疎遠な現実であって、この現実は固有の存在をもち、この現実においては、自己意識は自分を認識しないのである。

この世界(現実)は、外面的実在であり、法の自由な内容であるが、法の世界の主人(ローマ皇帝)が自分のうちに把握している外面的現実は、ただ自己(意識)にとって偶然的に存在する自然的な実在にすぎないのではなく(偶然現れてきたものではなく)、それは自己意識の労働によるものではあるが、(その内容は)自己意識を肯定するようなものではなく、というよりはむしろ、否定するようなものである。

この世界(現実)が定在を得るのは、(法的な)自己意識が自分を外化し自分自身の本質を喪失することによって、この「外面的現実」を「現実」として認めるからである。(359〜360)

三、近代ヨーロッパの世界

（一）孤立的個人からの離脱

Ｈ（103）（法的な自己意識が自分を外化することは）法の世界では支配的である荒廃の中にいる自己意識にとっては、（主人の拘束から）解放された各個人の外的暴力を表すように見える。

このような各人の行為は、それだけでは単なる個人の純粋な破壊であり、純粋な解体にすぎないが、しかしながらこの解体は、各人を否定する（力をもつ）彼らの自己である。

すなわち、この自分を否定することは、個人の主体であり、行動であり、生成である。しかしながら、この個人の行動と生成によって実体（精神）が現実化するのであるが、人格に対しては、それを疎外（離反）するものなのである。

なぜならば、無媒介の、すなわち、疎外されておらず絶対的に妥当している自己（法的人格）は、実体を欠いており（精神との関わりがなく）、荒れ狂う個人の戯れだからである。だから、自己の実体を得るには、自己を外化しなければならない。

外化は実体であり、言い換えれば、外化は自分を一つの世界として秩序づけることによって、自分を支えるところの精神的威力である。（３６０）

（二）疎外と教養

Ｈ（104）この世界（革命前のフランスのアンシャン・レジームの時代）の精神は、自己意識によって貫かれた精神的実在のことであり、この自己意識は、自立的に存在するこのものとして直接的に現存しており、実在（世界）を自分に対立する現実として知っている。

この世界が定在することも、自己意識の現実と同様に、次のような運動に基づいている。すなわち、自己意識は、自分の人格を外化し、そうすることによって、自分の世界を生みだしていながら、この世界に対して疎遠なものとして振る舞い、その結果、自己意識はこの世界を今やわがものとする運動である。しかしながら、自己意識が自分の自立存在を断念（外化）することは、それ自身、現実を生みだすことであるから、この生みだすことによって自己意識は、直接的に現実をわがものとするのである。

言い換えれば、自己意識は、自分を疎外する限りにおいてのみ「何ものか」であり、また実在性をもつのである。

このように、疎外によって自己意識は、自分を普遍的なものとして定立し、こうして得られた普遍性は、自己意識を認め、それに現実性を与えるのである。

自己意識が認められ通用するのは、自分を普遍的なものに従うようにした疎外の運動を媒介にしてである。個人が妥当性と現実性をもつのは何によるかと言えば、それは「教養」（形成）によることである。個人が真の根源的な本性と実体とになるのは、精神が自然的存在（素質など）を疎外することによってである。

したがって、この外化（疎外）は、目的であると同様に目的の実現されたものでもある。外化は同時に、目的を実現する手段であり、言い換えれば、思考された実体を現実に移行させることであり、逆に、特定の個人を「本来の個人」に移行させることでもある。

このように個人というものは、自分を、本来的にあるものへと「形成」し、そうすることによって初めて、個人は本来あるところのものになり、現実に定在を得るのである。個人は、「教養」（形成）をもてばもつほど一層、現実と威力とをもつのである。自分自身を外化するものだけが、したがって、一般的なものだけが現実を手に入れるこの世界においては、特殊な個性などは存続しない。

個々の個人に対する関係において、個人の「教養」として現れてくるものは、実体自身の本質的契機である。すなわち、実体の思考されていたところの普遍性が現実へとそのまま移行すること、言い換えれば、潜在的なものが承認されたものや定在になるところの実体の単一な核心である。したがって、自分を形成しつつある個人の運動は、客観的実在としての個人を生成すること、すなわち、現実の世界が生成することである。

この世界は、個人を介して生みだされたものではあるが、自己意識にとっては、そのまま疎外されたものであり、動かしがたい現実という形式をもっている。だが同時に、自己意識は、この現実は自分の実体であると確信して、現実をわがものにしようとする。すなわち、自己意識は「教養」を介して現実を支配する力を獲得するのであるが、この側面からすれば、「教養」は根源的性格と才能のエネルギーが許す限り多く、自己意識が自分を現実に一致させるように思われる。

そのもとに実体が属し、したがって、実体が止揚されるところの個人の力と思われるものは、実体を現実化するものと同じである。

なぜならば、個人の力は、自分を実体に一致させること、すなわち、自分の自己を外化し、したがって、自分を対象的な存在とする実体として定立することにあるからである。したがって、個人の「教養」も、その結果としての個人自身の現実も、実体そのものが現実化することである。（３６３～３６５）

Ｍ　「疎外」とか「外化」という語を、哲学思想上の術語として有名にしたのは、ヘーゲルとマルクスである。

ヘーゲル研究者の金子武蔵氏（『精神の現象学』下巻１５００～１５０２頁）によれば、もともと、「疎外」という語は、その成立する場面が人格関係、すなわち、「遠ざかること」、「疎遠となること」を意味するのに対して、「外化」は対物関係、すなわち、「物とすること」、「対象化し客体化すること」を意味する語であると説明されているが、ヘーゲルとマルクスでは、その使い方に違いがある。すなわち、ヘーゲルは、「疎外」と言い、「外化」と言う場合に、「外化」の本来の意味、すなわち、「対象化し客体化すること」あるいは「現実化すること」の意味で使うのに対して、マルクスは、「疎遠となること」という「疎外」本来の意味で使っている。

つまり、ヘーゲルは、「疎外」・「外化」という語を、事柄を肯定的あるいは客観的に表すときに使うのに対して、マルクスは、否定的あるいは悲観的に説明するときに使っていると言えよう。

例えば、マルクスは、『経済学・哲学草稿』において「疎外された労働」と題して「疎外論」を展開している。

（1）労働者にたいして力をもつ疎遠な対象としての労働の生産物に対する労働者の関係（事物の疎外）。
（2）労働の内部における生産行為にたいする労働の関係。この関係は、労働者に属していない疎遠な活動としての彼自身の活動に対する労働者の関係（自己疎外）。
（3）人間の類的存在を、すなわち自然をも人間の精神的な類的能力をも、彼にとって疎遠な本質とし、彼の個人的生存の手段としてしまう（人間的本質を疎外）。
（4）人間が、彼の労働の生産物から、彼の生命活動から、彼の類的存在から、疎外されている、ということから生ずる直接の帰結の一つは、人間からの人間の疎外である。
（城塚登・田中吉六訳　岩波文庫　93～98頁　一部表記変更）

また、マルクスは、この『草稿』の中で、ヘーゲルの疎外論についても言及している。

ヘーゲルがたとえば富とか国家権力などを、人間的本質にとって疎外された存在としてとらえる場合、これはいつでもただそれらの思想形式のなかでおこなわれるだけなのである。……それらは思想のなかの存在である。

――したがって、〔疎外といっても、それはたんに〕純粋な、つまり抽象的な思惟の疎外にすぎない。（略）

しかし『現象学』が人間の疎外を、――人間がただ精神という姿で現われているにすぎないとはいえ――しっかりとつかんでいる限り、『現象学』のなかには批判のあらゆる

契機が隠されており、………（略）

ヘーゲルの『現象学』とその最終的成果とにおいて――運動し産出する原理としての否定性の弁証法において――偉大なるものは、何といっても、ヘーゲルが人間の自己産出を一つの過程としてとらえ、対象化を対象剥離として、外化として、およびこの外化の止揚としてとらえているということ、こうして彼が労働の本質をとらえ、対象的な人間を、現実的であるがゆえに真なる人間を、人間自身の労働の成果として概念的に把握しているということである。（「ヘーゲル弁証法と哲学一般との批判」前掲書　196～199頁）

因みにマルクスは、ヘーゲルの『精神現象学』を、「ヘーゲル哲学の真の誕生地でありその秘密である」（前掲書　193頁）と言っている。

またマルクスは『資本論』において、次のようにヘーゲルを「評価」している。

ヘーゲルの弁証法の神秘的な側面は、私がほぼ三〇年前に、それがまだ流行していた時代に批判した。

ところが、ちょうど私が『資本論』の第一巻を仕上げていたとき、教養あるドイツで今をときめく腹だたしい僭越で凡庸な亜流主義は、あたかも、けなげなモーゼス・メンデルスゾーンがレッシング時代にスピノザを取扱ったように、すなわち「死せる犬」としてヘーゲルを取扱って得意であった。

だから私は、私がかの偉大な思想家の弟子であることを公言して、価値理論に関する章のここかしこで、彼独自の表現様式に媚を呈しさえした。弁証法がヘーゲルの手でこうむっている神秘化は、彼が弁証法の一般的な運動形態を初めて包括的かつ意識的な仕方で叙述したということを、けっして妨げない。弁証法は、彼にあっては逆立ちしている。ひとは、合理的核心を神秘的外被のうちに発見するために、それをひっくり返さなければならない。

（『資本論』第一部（第二版への後書き）長谷部文雄 訳　河出書房新社　20頁）

M　ヘーゲルは、疎外・外化・教養について論ずるあたりから、歴史の時代区分としては、ヨーロッパの「中世」を飛ばして「近世」あるいは「近代」へと移っていくと考えられる。だから、「教養」の意味が重要になってくるのは、「近世」以降であると言えよう。「教養」（自己形成）とは、自己を疎外・外化することであるが、個人は「教養」によって自己の自然のままの状態を脱し、現実的な能力を獲得するのである。

個人は、自然のままでは現実の世界の一員にはなりえない。自然的な個人は、「教養」によって初めて近代社会の一員としての能力を身に付けて社会で生きていけるような存在になるのである。

（三）国家権力

ヘーゲルは、ヨーロッパの近代国家における「教養」の努力が必要な世界を、「国家権力」（統治）と「富」（経済）との関係を軸として描く。

H（105）「国家権力」は、普遍的なものと考えられていただけのものにすぎず、潜在的なものにすぎなかったが、自己意識の「教養」という運動によって存在する普遍的なものになり、現実的権力になるのである。

「国家権力」が現実的権力であるのは、自己意識が現実に「国家権力」に「服従」することによってである。

「国家権力」が、この「服従」を獲得するのは、「国家権力」は自己の本質であるという自己意識の「判断」を介してのことであり、また、自己意識の自主的な「犠牲」を介してのことである。（374）

M　ヘーゲルは、同じようなことを、「国家権力」の一形態である「君主制」の「君主」について述べている。

H（106）「君主」が、自分を「普遍的権力」として知るのは、「高貴な意識」（貴族）が装飾品のように玉座のまわりに身を置き、玉座に坐るものに向かって、彼が何であるかという「へつらいの言葉」を絶えず発することによってである。

この称賛の言葉によって、「君主」は自分を「権力」として確実に知るようになる。

「国家権力」自身の精神は、「高貴な意識」が、その行動と思考を「犠牲」にすることにより、権力の現実と栄養とを得る点にあるのだから、「国家権力」は、真の自立性をもつのではなく、「疎外された自立性」をもつにすぎない。

「高貴な意識」は、「国家権力」に対して、思考を放棄した代償として、言い換えれば、「へつらいの言葉」や称賛の言葉を発するなどして自分を外化（放棄）した代償として、「国家権力」を獲得する。

「国家権力」は、「高貴な意識」に移行しているのである。つまり、「高貴な意識」において、「国家権力」は抽象的普遍性として出現してきたときのような不活発な実在であることを止めるのである。「国家権力」が（「高貴な意識」という）自己意識（によって廃棄されて、それ）の契機になったこと、すなわち、廃棄された権力（観念的に権力であるにすぎないもの）としてのみあるにすぎない。

したがって今では、犠牲にされ遺棄されていることがその本質である（物の）ような存在である。言い換えれば、「国家権力」は「富」となっている。（379～380）

M　国家権力と「高貴な意識」（貴族）との関係を、マルクスは「王」と「臣民」との関係に置き換えてこう言っている。

ある人は、他の人々が彼にたいし臣民たる態度をとるがゆえにのみ王である。ところが彼らは、彼が王であるがゆえに自分たちは臣民であると信ずる。
（前掲『資本論』第一部　54頁）

(四) 財富

H（107）「富」は、受動的なもの、空しいものであるかもしれないが、万人の労働と行為とから絶えず生成してくる結果であり、その結果は再び万人の享受へと解消していくのである。

この享受においては、個人は確かに自分だけとなるのだが、この享受自身は、万人の行為の結果であり、逆に万人の労働と享受とを生みだすものでもある。

現実的なものは、そのまま普遍的であるという精神的意味を端的にもっている。

各人は、自分の享受において、万人に享受すべきものを与えるのであり、自分の労働においても、自分のためであるとともに万人のために労働しているのであり、万人も彼のために労働しているのである。

だから、各人の自分のための在り方は、本来的には普遍的（万人のため）であり、利己心とは、ただ思考上のことでしかない。

利己心は、万人に役に立つとは限らないことをするように思っているが、現実にはそうはなりえないのである。（３６８）

M　「国家権力」は万人に関わる普遍的なものであり、「富」は個人の欲求を充足するための個別的なものであるから、両者の本質は対立する関係にある。
だが、「国家権力」も、その支配下にある個人の「幸福」を可能にする（「富」としての機能をもつ）のでなければ、権力に「服従」させることも権力のために「犠牲」を求めることもできない。

また、権力を取り巻く「高貴な意識」によって、権力が奪取されて彼らの「富」に成り果てることもある。

一方、「富」も、確かに個人の欲求を充足するためにあるものだが、「富」の生産には多くの人々が関わることによって可能となるのであるから、「富」も個別的なものではなく、「国家権力」と同じく普遍的なものでもある。

したがって、「国家権力」と「富」とは、その本質において、対立すると同時に同一でもあるということを、意識は「教養」を積むことによって自覚していく、とヘーゲルは言っている。

（五）疎外された精神の世界

H（108）自己疎外した精神の世界は、二重の世界に分裂する。

第一の世界は、（「国家権力」と「財富」とから成る）現実の世界であり、言い換えれば、精神の疎外そのものの世界である。

第二の世界は、精神が第一の世界を越えて高まり、「純粋意識」というエーテルの中で「宗教心」を高揚させる（信仰の）世界である。

第二の世界は第一の世界の疎外に対立しており、だからこそ、疎外から自由ではなく、むしろ、疎外のもうひとつの形式であるにすぎない。

疎外というのは、二つの世界のどちらにも意識をもち両方の世界を包括するという点にこそある。

したがって、ここで考察されるのは、「宗教」ではなく、現実の世界からの逃避であるから、それ自体として自立的でない点では「信仰」である。

したがって、現在の国からの逃避（「信仰」）は、（「概念」からの逃避という意味もあるから）それ自身二重の意味で逃避である。

すなわち、純粋意識は、精神が高まるところの境地ではあるが、純粋意識は「信仰」のみの境地であるにすぎないのではなく、「概念」の境地でもあるから、「信仰」と「概念」の両者は、同時に一緒に登場してくるのであり、前者（信仰）は、後者（概念）への対立においてのみ考慮に値するのである。（３６２〜３６３）

a、純粋意識の世界

Ｈ（109）自己自身を疎外する精神は、「教養の世界」のうちに自分の定在をもっているのであるが、この世界全体は自己自身から疎外されているので、「教養の世界」の彼岸に、「純粋意識」あるいは「思考された非現実的世界」が現れる。

この非現実的世界の内容は、純粋に思考されたものであり、思考することがこの世界の絶対的な本領である。だが、意識は、この思考されたものを、思考されたものとして自覚しておらず、「表象」（イメージ）としてとらえているのである。（３９１）

Ｈ（110）本質を欠いており自分をただ解体するだけの（教養の）世界から、自分に押し戻されたときの精神の真実態は、自分に対して現れるものを、絶対的に否定する運動であるとともに、その運動の結果として自分のうちで満足している実在でもあり運動に対立する肯定的な静止でもある。精神は、これらを不可分に統一している。

しかしながら、全てが疎外の規定を受けているので、（運動と静止という）これらの契機は、二重の意識として別れて現れることになる。

前者の「絶対的な否定の運動」という契機は、自己意識のうちにおいて、自分を統合しているところの精神的な過程としての「純粋洞察」である。

この精神の過程は、具体的なものの意識や対象性あるいは表象といった形式を自分に対立するものとしてもち、これに立ち向かうのである。

しかしながら、「純粋洞察」固有の対象は、純粋自我だけである。

これに対して、肯定的なものについての意識あるいは静止した自己同一性についての単一な意識（「信仰」）は、（運動と静止という対立の）うちにある本質としての実在を自分の対象としている。したがって、「純粋洞察」は、さしあたり自分自身では内容をもたない。なぜならば、「純粋洞察」は、否定の運動をする自立存在だからである。「信仰」には内容が帰属しているが、「純粋洞察」には欠けているのである。

しかし、「信仰」が内容をもつのは、「思考」においてであって、諸々の概念においてではなく、対象として純粋に意識してはいるが、純粋な自己として意識しているのではない。

このようにして、「信仰」は、確かに実在の、すなわち、単一な内的なもの（神）の純粋な意識であり、したがって「思考」なのである。

「信仰」が「思考」であるということは、普通は見落とされているところの「信仰の本性」における主要な契機である。

「信仰」と「信仰のうちにある実在」（神）との直接性（「信仰」のうちに「実在」（神）が直接的に現れること）は、信仰の対象が「実在」、すなわち、純粋に思考されたもの（としての神）であるということに基づくのである。

しかしながら、この直接性は、思考が意識の中に入り込み、言い換えれば、神についての純粋な意識が自己を意識する限りにおいて、神が自己についての意識の彼岸にあるところの対象的存在となるという意味をもつ。

これは、「信仰」の（対象である）実在が、「思考」から「表象」へ転落して、本質的に自己意識の他者であろうところの、ひとつの「超感覚的世界」となるということである。

これに対して、「純粋洞察」においては、純粋に思考することの意識への移行は正反対の規定をもつ。

すなわち、対象性が、ただ否定的な意味をもち、自分を廃棄し自己へ還帰していくという意味をもつ。

つまり、自己だけが自分にとって本質的に対象であり、言い換えれば、対象が自己の形式をもつ限りにおいてのみ、対象は真理なのである。（３９３〜３９４）

M　ヘーゲルは、「信仰」と「宗教」とを区別して、ここで取り上げるのは「信仰」だとしているが、実質的な違いはないらしい。

金子武蔵氏は、「宗教が絶対実在を自己として意識するものであるのに、（信仰は、）それを彼岸として表象するにすぎないからであり………意識の発展段階のいかんに応じて、重点のおき方が違うというだけで、実質からいえば、………信仰も宗教であるにちがいない」（『ヘーゲルの精神現象学』以文社　１９３頁）と説明している。

そこで、宗教、とくにヘーゲルが「完成された宗教」（『宗教哲学』）と呼ぶキリスト教の核心である「三位一体」の教義についてのヘーゲルの叙述を見ておこう。

b、三位一体論

H（11）「信仰」と「純粋洞察」は、純粋意識の境地に共に帰属しているように、それらはまた、「教養の現実の世界」からの共同の還帰である。

だから、それらは、三つの側面に従って現れる。

第一には、両者のいずれもが、あらゆる関係の外に、全くそれ自身において存在する。

第二には、両者が、純粋意識に対置された現実の世界に関係する。

第三には、純粋意識の内部において、一方が他方に関係する。

信仰する意識において、全くそれ自身において存在するものの側面とは、信仰する意識の絶対的な対象（神）である。

その対象（神）は、信仰の概念に従って純粋意識の普遍性のうちへと高められた（教養の）現実的世界（の姿）に他ならない。

したがって、現実的世界の組織の構成が信仰の世界の組織をも構成しているのである。

ただ、信仰の世界における諸々の部分（諸々の霊）は、精神を与えられているので、自分を疎外することはなく、全くそれ自身において存在する実在であり、自分のうちへ還帰していて自分自身のもとにとどまる諸々の霊である。

これらの霊が相互に移行する運動は、我々（哲学者）にとっては、それによって霊のそれぞれが区別されているところの規定を疎外（放棄）することであり、我々にとっては必然的な系列である。

しかしながら、信仰にとっては、諸々の霊の相互の区別は静かな（小さな）差異であり、諸々の霊の間の運動は、出来事（として与えられるだけ）である。

諸々の霊について簡単に述べれば、教養の世界において「国家権力」が第一のものだったように、信仰においても第一のものが「絶対実在」（父なる神）であり、単一の永遠なる実体である限りにおいて、それ自身で自分だけで存在する精神である。

しかしながら、精神であるこの実体の概念が「実現」するときには、実体は他者にとっての存在へと移行するのであり、実体の自己同一性は、「現実的な自分を犠牲にしている絶対実在」（イエス・キリスト）となる。

こうして「絶対実在」は、（イエス・キリストという姿をとって）「自己」となるのであるが、この「自己」は移ろいやすい「自己」である。

したがって第三のものは、この「疎外された自己」、貶められた実体が、実体の最初の単一態へと還帰することである。

このようにして初めて、実体は、精神（聖霊）として表象されるのである。

このように、これらの実在は、自己意識から離れていてもやはり自己意識に関わるのである。実在が、最初の単一な実体という形式のまま動かないとすれば、実在は自己意識にとっていつまでも疎遠なままであろう。

しかしながら、第一の実体が外化し、その精神（イエス・キリスト）が自分で現実の契機をもつことによって、信仰する自己意識に関与する、言い換えれば、信仰する自己意識は現実の世界のものとなるのである。（３９４〜３９６）

c、純粋洞察と信仰

M　「信仰」も「純粋洞察」も共に「純粋意識」の二つの契機である。

「信仰」は「思考」（ヘーゲルは信仰が思考であることを強調する）によって「絶対実在」（神）を求める意識の活動であり、「純粋洞察」はあらゆる対象に対して絶対的に否定的にふるまう（認めない）こと（これも思考である）により絶対的な「真理」を求める意識の活動である。「絶対的なもの」を目ざす活動である点においては、両者は同じ本質をもっている。

しかしながら、18世紀フランスの「啓蒙思想」の時代になると、「啓蒙」（ヘーゲルは「純粋洞察」を普及・流布させることを「啓蒙」と呼んだ）と「信仰」は、激しく対立・抗争し、遂には、アメリカの（イギリスからの）独立（一七八三年）やフランス革命（一七八九年）の導火線となった。

H　(112)「純粋洞察」は、「信仰」を、自分に、すなわち理性と真理に正反対のものと考えている。「純粋洞察」にとって「信仰」は、多くの迷信、偏見そして誤謬でできた織物であるように、「純粋意識」にとっては、このような内容についての意識は更に組織されて「誤謬の国」となる。

この「誤謬の国」（信仰の世界）においては、偽りの洞察（非理性的思考）は、一方では、大衆の意識として、直接的に無邪気であり、自分自身への反省を欠いているが、しかし他方では、聖職者の意識として自分自身への反省の契機あるいは自己意識の契機を、無邪気さ（大衆）からは切り離されて、やはり大衆の背後で自分だけにとどまっている偽りの洞察と大衆を欺く悪しき意図としてもっており、それによって、大衆の意識が欺かれるのである。

聖職者は、洞察を独占的に所有し続けるための妬み深い虚栄心も利己心も成就させると同時に、専制君主と結託する。

専制君主は、現実の国と理想的な国の無秩序な概念を欠く統一――奇妙な首尾一貫しない実在――として、大衆の悪しき洞察と聖職者の悪しき意図を越えて立ち、また、両者を自分のうちに統一をもするものであり、欺瞞的な聖職者を手段にして大衆の愚かさと混乱を利用して、聖職者と大衆を軽蔑しながら、自分の欲望と恣意を遂げるという利益を引きだすのであり、同時にまた、専制君主も、洞察の愚かさという点では、大衆と同じであり、大衆と同様に迷信や誤謬をもっているのである。（400～401）

d、純粋洞察の完成

H（113）（「啓蒙」の本質である）「純粋洞察」は、内容を欠いているものであるから、「洞察」を実現する運動とは、「洞察」自身が自分にとっての内容となるということである。

したがって、「純粋洞察の完成」とは、最初は「純粋洞察」にとって対象的だった（疎外されていた）内容を自分のものとして認識するという意味をもっている。このため、「純粋洞察」の成果は、自分自身を絶対的に否定することが、自分自身の現実化であり自分自身であると認識すること、言い換えると自分自身を認識する概念になることである。（404～405）

H（114）このようにして、「純粋洞察」は否定的な（自分の他在を定立する）「純粋洞察」、すなわち、概念の否定態（定立された他在）となるのであり、この否定態もまた純粋である。

こうして、「純粋な物」、すなわち、物であるという以外の何の規定ももっていない「絶対実在」

が生成したのである。

これをより詳しく規定すれば、「絶対的概念としての純粋洞察」は、もはや「区別でないものを区別する」ことであり、自分自身を支えているのではなく、ただ運動全体によってのみ支えと区別をもっているところの抽象（的な規定）あるいは純粋概念を区別することである。

「区別でないものを区別すること」（絶対的区別）は、絶対的な概念が自分自身を自分の対象とすること、そして、自分を実在として定立するということ、まさにこのことに他ならない。

こうして、「絶対実在」は、様々な抽象的規定ないし区別項が分離しているという面がないので、「純粋な物としての純粋な思考」になるのである。

「純粋な物」は同時に、絶対的に疎遠であるはずの「純粋洞察」の純粋自己意識の運動である。なぜならば、この純粋自己意識は、諸々の純粋概念のうちにおける運動であり、「区別ではない区別」における運動であるから、実際においては、この純粋自己意識は、意識のない営みへ、すなわち「純粋に感ずること」、言い換えれば、「純粋な物」となるのである。（４２４〜４２５）

M　こうして、「純粋洞察」の行き着くところは、具体的に見たり感じたり味わったり触ったりすることができない純粋な物（質）、すなわち、「絶対的実在」とか「純粋実在」と呼ばれるものであった。

H　⑾「純粋な絶対実在」は、ただ「純粋に思考すること」の中にしか存在しない。

言い換えれば、「純粋な絶対実在」は「純粋に思考すること」それ自身であり、それ故に、端的に有限なものの彼岸にあり、自己意識の彼岸にあって否定的にしか表現できないものに他ならない。「純粋な物質」は、我々が見たり感じたり味わったりすることを考慮に入れないときに残っているものにすぎないということ、すなわち、「純粋な物質」は見られたものでも、味わわれたものでも感じられたものでもない。

見られたり感じられたり味わわれたりするもの、それは「物質」ではなく、色であり石であり塩などである。つまり、「物質」というのは、もっと正確に言うと、「純粋な抽象」であり、この抽象によって、「思考の純粋実在」あるいは「純粋な思考」自身が自分のうちに「区別」をもたず「規定」もされず「述語ももたない絶対的なもの」として存在しているのである。(425〜426)

e、理神論と唯物論

H (116) 「啓蒙」の一方の党派 (理神論) は、「信仰」の信ずる「絶対実在」を、「述語をもたない絶対的なもの」と呼ぶが、これは現実的意識の彼岸にあり、「思考」のうちにあるとする。他方の党派 (唯物論) は、「信仰」の信ずる「絶対実在」を「物質」と呼ぶ。

この「物質」と「述語をもたない絶対的なもの」は、我々が既に見たように、端的に同一の概念であり、区別は事柄のうちにあるのではなく、純粋に両者の思想を形成する出発点が異なることだけにあるのである。他方の「啓蒙」(唯物論) は、感覚的存在から出発し、次いで、味わうこと、見えることといった感覚的関係を度外視し、その感覚的存在を、純粋なものそのものに、触れられもせず味わわれもしない「絶対的な物質」にするのであり、このようにして、これらの感覚的存在は、「述語をもたない単一のもの」、「純粋意識の実在」となったのである。

この「洞察」（唯物論）は、「純粋に存在するものである存在」から、純粋に存在するものとしては同一のものである「思考されたもの」へと反対の方向へ歩んでいるのだが、言い換えれば、「純粋に肯定的なもの」から「純粋に否定的なもの」へと反対方向に歩んでいるのだが、自分では、そのことを自覚していないのである。というのは、「肯定的なもの」（直接的で媒介されていないもの）は、「否定」を媒介すること（「肯定的なもの」の「他者」である「否定的なもの」を「否定」すること）によって初めて、正真正銘純粋（に肯定的なもの）になるのであるが、「純粋に否定的なもの」（「純粋に肯定的なもの」と同じ）は、自分自身のうちで自分に等しく、それ故にこそ肯定的だからである。（426〜427）

f、有用性

H（117）「（絶対）実在」が二つに分裂するのは、「実在」が（理神論と唯物論という）二つの考察方法に属していることによる。

ということは、一方では、「実在」のもとに区別がなければならないし、他方では、「実在」において、まさに区別を自分自身でもっていることによって、二つの考察方法は一つにならざるをえないということである。なぜならば、純粋な存在（物質）と純粋な否定的なもの（思考）という抽象的な二つの契機が、二つの考察方法の中では統一されているからである。

純粋な存在と純粋な否定的なものとに共通の普遍的なもの（基盤）は、純粋な振動という抽象であり、純粋に自己自身について考えることという抽象である。

言い換えると、「単一の自己回転運動」（金子武蔵氏によれば、純粋な存在と純粋な否定的なものとが互いに交替し変転するけれども位置の移動を伴わない円環運動のことであるが、このような運動は、純粋意識において成立することであって、現実意識においては行われない。）という抽象であるが、このような運動は分解せざるをえない。

なぜならば、この運動自体は、諸契機を区別（し、それらを展開）することによってのみ成立する運動であるからである。

したがって、現実に区別するということは、（「単一の自己回転運動」という）動かない（移動しない）ものを、もはや現実に思考することでも、現実に自分自身のうちで生きることでもない純粋な存在という空の包みとして置きざりにすることなのである。なぜ置きざりにするかと言えば、現実に区別するということは、全ての内容について区別することである（が、全ての内容を区別して、それぞれに交替と変転の円環運動を成立させることは現実には不可能である）からである。

だから、現実に区別することが、（単一の自己回転運動という）あの統一の外に身を置くことによって、現実の区別は、「自体存在」と「対他存在」と「対自存在」という諸契機の自己内還帰を伴わない交替となるのである。

それは、純粋洞察の現実意識の対象としての現実であり、「有用性」である。（427～428）

H（118）「有用なもの」とは、「それ自体で存在するもの」、言い換えれば、「物」であるが、この「自体存在」も単なる純粋な契機にすぎないのであり、したがって、「有用なもの」は絶対的に「他者にとってのもの」であるが、それは、「自体存在」であると同時に、「他者にとってのみ存在するもの」

でもある。（429）

M　ここで、ヘーゲル哲学にはお馴染みの用語について注記する。「自体（即自）」は、「それ自体」、「本来」、「潜在的」などの意味で、「対他」は、「他のものにとって（対して）」、「他のものとの関連で」などの意味で、「対自（向自）」は、「他のものと関係なく」、「独りで」、「自立的」、「自覚的」などの意味で使用されることが多い。

g、有用性から絶対自由へ

H（119）意識は、「有用性」のうちに自分の概念（本質）を見いだした。しかしながら、この概念は、一方では、まだ対象であり、他方では、まさにそれ故にまだ目的であるが、意識は、この目的をすぐには手に入れていない。「有用性」は、まだ対象についての述語であって、主語そのものではない。言い換えれば、主語となって、自分本位の直接的で唯一の現実を作っているのではない。このことは、先に現れてきたものと同じである。すなわち、「対自（自立）存在」が他の諸契機（自体存在、対他存在）の実体（基盤）として示されたのではない（三つの契機は並行している）から、「有用なもの」が直ちに意識の自己に他ならないことが示されておらず、したがって、意識は、「有用なもの」をまだ所有してはいないということである。

――しかしながら、「有用なもの」から、その対象という形式を撤回する（「有用なもの」

を意識のもとに取り戻す）ことは、既に潜在的には生じており、この内面的変革（目に見えない変革）から現実（の世界）の現実的変革（目に見える変革）が生じ、「絶対自由」という意識の新しい形態が生じてくるのである。

自己意識が「有用性」を所有することを妨げているものは、実際には、「有用なもの」が対象の形をとっているように見える空虚な外観だけでしかない。

なぜならば、一方では、現実の世界と信仰の世界の組織に属する各構成部分の全ての存在と妥当性は、この（「有用性」という）単一な規定を自らの根拠と精神としてもっているので、この規定のうちへ還帰してしまっているからであり、他方では、この規定は（自己意識に対しては）もはや自分だけの独自のものをもっているのではなく、この規定は、むしろ純粋な形而上学であり、自己意識の純粋概念であり純粋な知であるからである。

対象としての「有用なもの」は、自体的かつ対自的な存在であるが、これらについて意識は次のように認識している。

まず、「有用なもの」の自体存在は、本質的に対他存在である。

この自体存在は、自己をもたないものであるから、実は受動的なもの、言い換えると、他の自己（意識の自己）に対してあるものである。

しかしながら、対象は、意識に対しては純粋な自体存在という抽象的な形式をとっている。

なぜならば、意識は、純粋に洞察することであり、この洞察が設ける区別の諸契機は、概念という抽象的な形式をとるからである。

これに対して、対他存在が還帰していくところの対自存在、すなわち自己は、自我とは区別された自己、言い換えれば、対象と呼ばれるものの独自の自己（対象自身の自己）ではない。なぜならば、純粋洞察としての意識（の自己）は、個別的な自己を対象とする個別的な自己ではなく、純粋概念（としての自己）であり、自己が自己自身の中をのぞき込むことであり、自己自身を二重化して見るという（対立のない）絶対的な洞察のことである。

この意識のもつ確信は、普遍的主体のものであり、この主体が知る概念は、あらゆる現実の本質である。

したがって、「有用なもの」は、先には自分自身の統一のうちに還帰しない諸契機の交替であったにすぎず、それ故に、まだ知の対象であったが、交替は、このようなものであることを、やめているのである。

なぜならば、知自身が、あの抽象的な諸契機（自体→対他→対自）の運動だからである。知は「普遍的な自己」であって、「知自身の自己」であると同時に「対象の自己」でもあり、そして「普遍的な自己」として、このような運動の自分自身のうちへと還帰していく統一（概念）である。

このようにして、意識の新しい形態、すなわち「絶対自由」としての精神が現れるのである。

（４３１〜４３２）

h、絶対自由

H（120）この「絶対自由」としての精神は、自分自身を確信することが現実の世界及び超感覚的世界の全ての精神的集団の本質であるととらえている自己意識である。言い換えると、逆に、それらの実在と現実は、意識が自分を知ることであるととらえている自己意識である。

――この自己意識は、自分の人格の純粋なことを意識しており、全ての精神的な実在は、この純粋な人格のうちにあることを意識している。

実在は全て（この自己意識に由来するものであるから）精神的なものにすぎない。

この自己意識にとっては、世界は直ちに自分の意志であり、また、この意志は普遍的な意志（ルソーの「一般意志」）である。

しかもこの普遍的な意志は、暗黙の同意あるいは代表による同意のうちにあるとされる意志に関する空虚な思想ではなく、現実の普遍的な意志であり、全ての個人そのものの意志である。

なぜならば、意志というものは、本来的には、人格の、言い換えると、各個人の意識であり、そして、こういう真に現実的な意志として、意志は、全てのまた各々の人格の自己として意識された実在としてあるべきものだからである。

その結果として、各個人はいつも分割されることなく全てを行い、全体の行為として現れるものは、各個人の直接的で意識的な行為である。

「絶対自由」というこの分割されていない実体は、何かある権力がこの実体に対して対抗できるというようなことはなく、世界の王座に上るのである。

なぜならば、精神的な実在ないし威力が実体をもつ場は、実は意識だけであるので、個別的意識は、自らの対象として、自己意識自身以外の他の実在をもたないと理解した後には、言い換えると、個別的意識の対象は、絶対的に概念（自己意識自身）であることを理解した後には、（かつては）集団に分割されることによって組織化され維持された精神的実在あるいは威力の全体系（フランス革命前の体制）は崩壊してしまっているからである。

かつて概念が存在する対象になっていたのは、概念が分割されて存立している集団に区別されていたからであるが、対象が概念になったのであるから、もはや対象には存立しているものは何ひとつなく、概念の否定性（自己意識の否定する力）が全ての対象の契機に浸透してしまっているのである。

概念が実在するようになったので、個別的意識は、自分に割り当てられていた領域から立ち上がり、もはやこのような特殊な集団の中に自分の本質と仕事を見いだすのではなくて、自分の自己を意志の概念として、全ての集団を自分の意志の本質として把握し、したがって、個別的意志は、（国家）全体の仕事であるような仕事においてのみ、自分を実現することができるのである。だから、このような「絶対自由」においては、全体が分肢されているところの精神的な実在である全ての身分が消去されている。

すなわち、このような分肢に属しておりその中で物事を欲し実行していた個別的意識は、自分の制限を廃棄したのである。

個別的意識の目的は普遍的な目的となり、その言葉は普遍的な掟となり、その仕事は普遍的な仕事となった。「絶対自由」というここにおいては、対象やその区別は、現実の全ての存在についての述語（全ての存在について言えること）であった「有用性」という意味を失っている。かつては、意識は自分の運動を、意識とは疎遠なものである（と考えられた）対象から始めて自分に還帰したのであるが、今では、対象は意識にとっては意識自身なのであるから、対立は、個別的意識と普遍的意識との区別の中にあるだけであるが、個別的意識は、直ちに（普遍的意識と）対立しているかのごとき外観をもっているだけの意識である。

つまり、個別的意識が普遍的意識であり普遍的意志なのである(これが個別的意識の現実である)。個別的意識にとっての現実の彼岸(普遍的意識の世界)は、空しい「至高存在」というただ気の抜けたガスとして、現実の存在あるいは信仰されていた存在の自立性が消失した屍(フランス革命におけるルイ十六世の処刑などを意味すると考えられる)の上を漂っているのである。(432〜434)

i、絶対自由のテロリズム

M 啓蒙の本質としての純粋洞察(近代理性)の運動(純粋な自己意識が自己によって定立したもの以外は全て否定し全ての対象を概念的に理解しようとする否定的運動)が、現実世界の対象について到達した境地が「有用性」という思想であった。全て存在するものは、自体存在であると同時に、対自存在としての自己意識にとってあるところの対他存在である。

全てのものは、それ自体としてあるとともに自己意識にとってあるのだという思想は、近代社会を考える際には重要な意味をもつ。

「有用性」の思想は、やがて、社会や国家は誰にとって(誰のために)存在するのかという思想へと進んでいくことになる。「有用性」という概念で世界の諸契機をとらえるようになった自己意識は、世界は自己にとって存在するのだと自覚する。世界は直ちに自分の意志であり、普遍的な意志であった。

こうして、自己意識は「絶対自由」の意識となった。

ヘーゲルは、18歳のときに、テュービンゲン神学院に入学するが、その翌年にフランス革命が起きる。

４年後ヘーゲルは、一緒に神学院に入ったヘルダーリン（詩人）や2年後に入学してきたシェリング（哲学者）とともに、テュービンゲン郊外の牧場に「自由の樹」を植えて（当時フランスでは、自由の発展を祈る儀礼として広く行われたという）、この革命を称えたという。

フランス啓蒙思想が権威や信仰に対して放った批判に高い評価を与えたヘーゲルであった。

ヘーゲルは、歴史は自由の意識の進歩だと考えた。

「世界史は、自由の意識を内容とする原理の発展段階を叙述するものである」（ズールカンプ社版ヘーゲル全集 第十二巻『歴史哲学講義』 77頁）

若き日のヘーゲルが、フランス革命を自由の意識の進歩だと考えていたことは、「伝記」などで伝えられている。

「絶対自由」という革命の理想は、革命が進行しロベスピエールらのジャコバン独裁の時代には、反革命派に対してだけではなく革命推進派内部においても粛清のテロルが吹き荒れる「恐怖政治」（「テロリスムス」、現代世界に頻発している「テロ」の語源）を生みだしたのだった。

フランス革命に関する著作に、しばしば登場する小話がある。

ジロンド派（反ジャコバン派）の女王と言われたロラン夫人は、反革命の陰謀があったとして死刑の判決を受けた。

処刑台に上ったとき、こう叫んだという。

「ああ自由よ。汝の名のもとに、いかに多くの罪が犯されたことか」

『精神現象学』が出版されたのは、一八〇七年四月、ヘーゲルが36歳のときであるが、『精神現象学』では、普遍的な意志としての「絶対自由」は抽象的な自由であったと、フランス革命が陥った恐怖政治を厳しく批判した。

H（121）普遍的なものが「行為」となるためには、自分を「個人」という一者に総括しなければならず、個別的自己意識を「頂点」に立てなければならない。

なぜならば、普遍的意志は、一者である自己のうちにおいてのみ現実的な意志だからである。しかしながら、その為に、それ以外の全ての個人は、この行為全体から閉めだされ、この行為には制限された関与だけをもつのである。

普遍的なものと現実の自己意識との関係は、純粋な否定の関係であり、しかも、普遍的なものの中に存在しているものとしての個別的なものを否定することである。だから、「普遍的自由」の唯一の仕事と事業とは死であり、しかも、何らの拡がりや成果の全くないような死である。

なぜならば、否定されるものは、絶対的に自由な自己という中身のない点であるからである。したがって、この死は、キャベツの玉を切り裂くとか水をひと飲みするとかといったものよりも大きな意義をもたないような極めて冷酷で平板な死なのである。

この「死」という音節の平板さの中に、自分を実現するための「統治」の知恵があり、普遍的な意志の精神力があるのである。

「統治」というものはそれ自身、普遍的意志がしっかりと自分を定立する点であり、言い換えると、普遍的な意志の個体性以外のものではない。

そこで、「統治」は、ひとつの点から出てくるひとつの意志であり、ひとつの現実であるが、それと同時に、一定の命令と行動を意欲し実現するものである。

したがって、「統治」は、一面では統治の行為から一者以外の個々人を閉めだすことであり、他面においては個々人を閉めだすことによって、ある特定の意志であるような統治をして、また、普遍的な意志（金子武蔵氏によれば「世論」）に対立しているような統治として自分を確立するのである。

だから、勝っている党派だけが「政府」と呼ばれるのであり、そして、党派であることのうちにこそ直ちに「政府」の没落の必然性が存在するのであり、「政府」が「政府」であるということ、このことが逆に、「政府」を党派となし罪あるものとするのである。（４３４～４３７）

j、絶対自由のアウフヘーベン

H（122）絶対自由（という自己意識）の独特の仕事（恐怖政治）において、絶対自由（という自己意識）は自分を対象にするのであり、そうすることによって、この自己意識は、「絶対自由」とは何かということを経験するのである。

そもそも「絶対自由」は、あらゆる区別を、また、区別のあらゆる存立を自分の中で抹殺するところの抽象的な自己意識である。

このような自己意識として、「絶対自由」が対象となったのであり、「絶対自由」のこのような否定的本質を直観したものは、死の恐怖を感ずるのである。

しかしながら、絶対的に自由な自己意識は、自分のこのような実際の姿について、かつて自分自身の抱いていた理解とは全く別のものであったことに、すなわち、普遍的な意志は、人格の肯定的な本質だけであり、そして、人格は、普遍的な意志の中で肯定され、あるいは、維持されるだけであると思っていたのだが、絶対自由の自己意識は、自分の実際の姿がそのようなものとは全く別のものであったことに気づくのである。

ここ（死の恐怖）において自己意識に現れたものは、純粋洞察としての肯定的な本質と否定的な本質——（肯定的な本質とは）純粋な「思考」として述語をもたない絶対的なもののことであり、（否定的な本質とは）純粋な「物質」として述語をもたない絶対的なもののことである——とが全く分離しており、一方から他方への（肯定的な本質から否定的な本質への）絶対的移行・転換である。（始めは）絶対に肯定的な現実の自己意識であった普遍的意志は、この「絶対自由」（恐怖政治）の今では、純粋な「思考」にまで、言い換えると、抽象的な「物質」にまで高められた自己意識をもつ現実態になっているので、今の普遍的意志は、（肯定的本質から）否定的本質に移行・転換して、自分自身を思考することを、言い換えると、自己意識であることを止めた（アウフヘーベンした）のである。（４３７～４３８）

H（123）教養の世界においても、自己意識は、自分を否定すること、あるいは自分を疎外することを、このように純粋に抽象的な形で直観することにまでは至らず、自己意識の行う否定は中身のある否定であった。

すなわち、疎外した自己の代償として名誉あるいは富を手に入れるとか、意識が分裂したことによって精神と洞察の言葉を獲得するとか、あるいは、信仰が天国を獲得するとか、啓蒙が有用なものを獲得するといったようなものであった。

これらの内容は、自己が「絶対自由」（の恐怖）の経験においては消失してしまっているのであり、ここで自己の受ける否定は、意味のない死であり、何の肯定的なものも中身となるものもない否定に対する純粋な恐怖なのである。

しかしながら同時に、このような自己の受ける否定は、自己にとって疎遠なものではない。この否定は、普遍的意志のもたらすものであり、その最終的に抽象化された姿においては、何も肯定的なものはもたず、したがって、犠牲に対して報いるものを何ももたないのであるが、まさにそれ故にこの普遍的意志は自己意識と直接的に一体なのである。

言い換えると、普遍的意志は「純粋に否定的なもの」であるが故に「純粋に肯定的なもの」でもあるから、意味のない死、自己の満たされていない否定性も、その内面の概念においては絶対的な肯定性へと転換するのである。（４３９～４４０）

M　ヘーゲル『大論理学』の「存在論」にこういう例え話がある。

「絶対的な明るさ」の中では、「絶対的な暗さ」の中でと全く同じように何も見えない………「純粋な光」と「純粋な暗さ」とは、二つの空虚なものであって、両者は二つでありながらしかも同一である。限定された光の中で、曇らされた光の中で初めて、また同じく限定された光の中で、照らされた暗さの中で初めて、或るものは「区別」されることができるのである。

なぜかと言えば、曇らされた光と照らされた暗さとが初めて、それら自身のもとに「区別」をもっており、それ故に規定された存在、すなわち定在であるのだからである。（寺沢恒信訳（1）以文社　101～102頁　一部変更）

このように、「絶対」とか「純粋」とかが付くものには、そもそも「区別」がないのであるから、「絶対の自由」は「絶対の不自由」と同一であり「区別」はないのである。

H（124）こうして意識にとっては、（「絶対自由」における）自分と普遍的な意志との直接的な統一、すなわち、普遍的な意志のうちに自分を特定の点として位置づけたいという欲求は、端的に正反対の経験へと転換する。

この転換において意識が失うものは、実体のない（自己という）点であるところの抽象的な存在、言い換えれば、失うものは、点の直接性である。

この直接性の喪失が、普遍的な意志自身をもたらすのであり、意識が直接的な存在であることを止め、また、純粋な知あるいは純粋な意志である限り、今や意識は自分を普遍的な意識として自覚するのである。

こうして意識は、普遍的意志が自分自身であることを、また、自分が本質的存在であることを知るのであるが、知るといっても、（「絶対自由」の場合のように）直接的に存在する（あるがままに存在する）実在として知るのではない。

意識は、普遍的意志を、革命政府として知るのでもなく、あるいは無政府状態を作ろうとする無政府主義の思想として知るのでもなければ、また、自分をこのような党派あるいはそれと反対の党派の中心点として知るのでもない。そうではなくて、この意識は、純粋な知と意欲である限りにおいて普遍的意志なのである。

意識は、普遍的意志のうちにおいて自分自身を失うことはない。なぜならば意識は、（「絶対自由」における）意識という原子のような点ではなくて、むしろ純粋な知であり純粋な意欲であるからである。

だから（この場合の）意識は、純粋な知が自分自身と行う相互作用なのである。本質的存在となった純粋な知が普遍的意志であるが、この本質的存在は、端的に純粋な知であることに他ならない。

それ故に、（意識は自己意識であるが）この自己意識は、この本質的存在を純粋な知として純粋に知ることである。

「絶対自由」は、普遍的意志と個別的意志との対立をもっていたが、こうしてこの対立を自分自身と和解させたのである。

自己疎外した精神の中では、「純粋な意欲」（普遍的意志）と「純粋に意欲する者」（個別的意志）とが、まだ区別されていたが、この対立が頂点にまで押し進められたとき、自己疎外した精神は、この対立を格下げして透明な形式とし、この形式のうちに自分自身を見いだすのである。

（教養の）現実的世界の国（フランス）が信仰の国と洞察の国に移行したように、「絶対自由」の国も自己破壊的な現実（革命）から出て、他の、自己を意識している精神の国（ドイツ観念論のドイツ）へ移行するのであり、この国において「絶対自由」は、非現実態（思想）において真なるものとして妥当しており（思想という形態でしか真なるものと認められない）、この真なるものという思想において、「絶対自由」は元気になるのである。

（しかしながら、それは、）精神が思想として存在し、そして、思想にとどまる限りにおいてのことであり、また、自己意識のうちに閉じ込められているこの存在（思想）を、完全無欠の実在として知る限りにおいてのことである。

こうして、「道徳的精神」という新しい形態が生じたのである。（４４０〜４４１）

M「普遍的意志」に基づく「絶対自由」においては、「普遍的意志」の代表者たる統治権力は、「絶対自由」を実現するためには、あらゆる手段を行使することが許されるとともに、個人もまた、それぞれ「絶対自由」を行使（享受）することが許されることになるが、歴史が示すように、統治権力と個人の行動が対立する場合は、個人は権力によって規制され、極端な場合は、フランス革命時のジャコバン党の独裁（恐怖政治）に見られたように、権力による個人の抹殺に至ることもある。

このような統治権力は、もはや「普遍的意志」の代表者ではない。

個人は、死の恐怖という窮極の否定を通じて、絶対的に否定的なものは絶対的に肯定的なものへ転換すると言う、これまでに経験したことのない経験をするのである。

言い換えれば、個人（自己意識）は、これまでとは全く異なる自己形成（教養）を行うのである。

すなわち、「普遍的なもの」は、自己（意識）の外側にあって自己（意識）と対立して存在しているものではないことに気づくのである。

このような「教養」の在り方を、ヘーゲルは「最高で最後の教養」と言った。

こうして、自己意識は、「普遍的意志」との直接的な（無媒介の）統一（関わり）を断ち切り、自己の内面へと還帰し、「普遍的なもの」は何かということについて思考するようになる。

そして、思考すること（純粋に知ること）こそが、自己のもつ「普遍的なもの」の本質であることを自覚するに至るのである。

「絶対自由」がもたらした窮極の疎外から自己形成（教養）によって生じた自己（意識）の実体は、自分自身を対象とする確信（知）であった。

どこまでも自分自身を知る運動こそが自分の実体であると自己（意識）は自覚したのである。

したがって、意識が知らないことは意識にとって意味のないことであるから、あらゆる対象と世界は、自己（意識）の知のうちにあることになる。

このような意識の新しい形態を、ヘーゲルは「道徳的精神」と呼んでいる。

k、道徳的精神の登場

H（125）（「絶対自由」のように）自己疎外が完全になり、最高の抽象化（を経ること）によって、（疎外が克服され）精神の自己（意識）には、実体が生まれる。

この実体は、初めは普遍的意志となり、最後には自己（意識）と一体となる。

だからここでは、遂に（意識の）知は、自分の真理（対象）と完全に等しくなったように見える。

なぜならば、知の真理（対象）は、この知自身であるから、（知るものと知られるものという）両側面のあらゆる対立は消失しているからであり、しかもこの消失は、我々（哲学者）にとって、言い換えれば、自体的に分かっているというのではなく、自己意識自身に自覚されているからである。

すなわち、知は意識の対立を克服して主人となったのである。

意識というものは、意識の自己確信（知）とその対象との対立に基づいているのであるが、今では、意識の対象は、意識が自己確信すること（知）であり、しかもそのことを意識が知っているのである。そしてまた、自分自身を確信すること（知）それ自体も、もはや独自の目的をもたず、したがって規定されていないので、純粋な知である。

したがって、この（道徳的）自己意識の知は、この意識にとっては、実体（本体）そのものである。この知という実体は、自己意識にとって直接的であるとともに、絶対的に媒介的でもあり、この両者が不可分に統一されているのである。

（ここで）「直接的」と言うのは、（ギリシャのポリスにおけるように）人倫的意識が義務の何であるかを知り、そしてそれを自分で実行し、あたかもその義務を自分の本性としているかのようであるのと同じだからである。

しかし、（絶対的に媒介されたものと言うのは）ここでの自己意識は、（「人間の掟」か「神々の掟」のうちのいずれかにのみ属するというような人倫的意識の）性格にはなっていないからである。

すなわち、人倫的意識というものは、その直接性のために、ある規定された精神であるから、人倫的本質（「人間の掟」と「神々の掟」）の一方にのみ属しており、したがって、（「人間の掟」に従って行動する場合、その行動が「神々の掟」につながっていることを）知らないという側面をもっているものである。

だが、ここでの自己意識は、自分を形成する意識や信仰の意識と同じように、絶対的に媒介されたものである。

なぜならば、この自己意識は、本質に従って、直接的な定在という抽象性を廃棄して普遍的なものになるという自己の運動であるからである。

しかし、（普遍的なものになるといっても、教養のように）純粋な疎外によってそうなるのでも、（分裂した意識のように）自己意識自身と現実を分裂させることによってそうなるのでも、また（信仰のように）逃避することによってそうなるのでもない。

この自己意識は、自分の実体、言い換えれば、自分の知のうちに現在しているのである。

なぜならば、実体とは、自己意識の知る働きのことであり、それは、この自己意識が自分自身を、直観的に純粋に確信していることだからである。

そして、この自己意識自身の現実の姿である直接的な姿（自己意識が直接的に現在している知）こそ、まさに全ての現実の姿である。

なぜならば、直接的なものは、存在自身のことだからであり、直接的なものが絶対的否定性（思考）によって純化されて純粋な直接性（知の世界）になったときには、それは純粋な存在であり、存在一般であり、全ての存在だからである。

したがって、「絶対実在」（神）は、（信仰の場合のように）思考（の対象）であるような単一の実在であるという規定で尽くされるものではなく、かえって、それは全ての現実の姿であり、しかも、この現実の姿は、（意識の）知という形としてのみあるのである。

意識が知らないことは、意識にとって何の意味もないし、何の威力もありえない。

全ての対象と世界は、意識の知る意志のうちへ引き戻されている。

意識は、自分が自由であることを知ることによって絶対に自由であり、この自分の自由を知ることこそが、意識の実体であり、目的であり、唯一の内容である。（４４１〜４４２）

（六）自分自身を確信している精神

ａ、道徳的世界観

Ｈ（126）（道徳性の段階の）自己意識は、義務を絶対的なものと考えている。すなわち、自己意識は、義務にだけ拘束されるのであり、（義務という）実体は、自己意識自身の純粋な意識である。

この義務は、（自己意識に対して外から与えられるものではないから）自己意識にとって疎遠なものではない。

しかし、道徳的自己意識は、このように自己自身のなかで完結している（対象を自分の外にではなく内部にもっている）ときには、まだ意識ではないし意識として考察されていないのである。ここでの対象は、直接的な知なのであるが、このように純粋に自己に貫徹されているときには、意識の対象とはならない。

しかしながら、この自己意識は、（感覚的世界〈自然〉の存在＝他的存在から自己内へ還帰し普遍的なものになるという運動であるから）媒介されたものであり否定されたものである。

したがって、自己意識の概念のうちには、他的存在への関係も含まれているので、この自己意識も意識（対象の意識）なのである。

一方では、この自己意識にとっては、義務が唯一の本質的な目的と対象であるから、この他的存在は全く意味のない現実である。しかし、この意識は、自分自身の中にあまりに完全に閉じこもっているので、この他的存在に対して完全に自由で無関心な態度をとる。したがってもう一方では、（他的存在である）この定在も、自己意識から完全に自由な定在であり、やはり自分にだけ関係している存在である。つまり、自己意識の一方が自由になればなるほど、その意識の否定的な対象（である他的存在）の方もますます自由になるのである。これによって、この対象は、独自の個体性として自己完結的な世界になる。それは、独自の諸法則の自立的な全体であり、また、それら諸法則の自立的な行程と自由な実現であるが、この独自の諸法則から成る自立的な全体とは、自然一般のことである。この自然の諸法則も自然の活動も、道徳的自己意識が自然の諸法則にも自然の活動にも無関心であるように、道徳的自己意識に無関心であるような実在としての自然自身に属しているのである。

（道徳的自己意識の）このような規定から、道徳的な自体的・対自的存在（世界）と自然的な自体的・対自的存在（自然界）との関係の中に、「道徳的世界観」が成立するのである。この関係の根底にあるものは、一方では、自然と道徳的目的ないし道徳的行動とは相互に完全に無関係で、それぞれ自立的であるということであり、他方では、義務こそが唯一の本質であって、自然は全く非自立的で非本質的である、とする意識である。

「道徳的世界観」は、全く相互に対立する前提のこの関係の中に現存する諸契機の展開を含んでいるのである。（４４２〜４４３）

M　ヘーゲルは、このカントの「道徳的世界観」の「矛盾」について、三つの「要請」としてまとめている。

（一）道徳と自然あるいは道徳と幸福との調和の要請

道徳的意識は、義務を実行した喜びとか義務の完遂を享受する幸福を感じることにより、実現された義務が道徳的行為であるとともに個人の実現にもなると確信する。

しかしながら、義務を実行した喜びとか義務を遂行した幸福感といった「感情」は、道徳的意識とは対立するところの「自然の法則」に属するものである。したがって、道徳的行為と自然の調和は、今は存在していないが、存在すべきものとして「要請」されているのである。

（二）理性と感性との調和の要請

現実の意識は、偶然的で自然的なものであり、意識自身の自然が「感性」である。

この「感性」は、「衝動」や「傾向性」として諸々の個別的目的をもっているから「純粋意志」（理性）とは対立するものである。

しかしながら、「純粋に思考すること」（理性）と意識の「感性」とは、意識の二つの現れであるから、本来的には一つの意識である。

だが、「理性」と「感性」の統一（調和）は要請されているだけで現存してはいない。

したがって、意識の本質である「純粋思考」（理性）は、道徳性の完成を目指して、「感性」との統一（調和）を実現しようとする。

意識は、道徳性の完成を目ざして常に前進しつづけなければならない。

しかし、道徳性はいつまでも完成せず、無限の後方へと押しやられているのである。

道徳性が本当に完成されるとしたら、道徳的意識はなくなってしまうことになるからである。

（三）聖なる立法者の要請

道徳的意識は、純粋義務についての単一の知であり意志であるが、行動するときには多様な現実に関係するから、多様な道徳的関係をもつことになる。ここに、多様な道徳的関係に基づく多数の義務の存在という問題に直面する。道徳的意識も行動においては特定の義務を実現することになるので、不完全な道徳的意識と言わなくてはならない。したがって、ここから完全な道徳的意識としての「聖なる立法者」（神）の要請が生じるのである。

しかし、この「聖なる立法者」は思考されたものであり現実の彼岸に要請されたものである。

b、良心

M　道徳的自己意識にとっては、自己のうちにある「義務」が唯一の目的であり対象であるが、この「義務」は、自己内に閉じこもったままであり、また、自己意識の「感性」が属している「自然」とも没交渉であった。

したがって、次に考察しなければならないことは、「義務」を実現する意識（良心）についてである。

c、良心の本質

H（127）良心は、自分自身で自分の真理を、自分自身を直接的に確信することのうちにもっている。

この、自分自身を直接的に確信することが、良心の本質である。（468）

d、単一の義務

H（128）良心は、行動の事例のもついろいろな事情をいろいろな義務に分けることをしない。良心は、多くの義務にそれぞれ独立した不動の実体性を獲得させるような積極的な普遍的媒体のように振る舞うことはしない。

そういうことをしたら、一方では、全く行動することができなくなる。なぜならば、それぞれ具体的な事例はいろいろな義務の対立を含んでいるので、行動を決めるときには、一方の側面が、すなわち、一つの義務がいつでも侵害されることになるだろうからである。

他方では、行動がなされると、相対立するいろいろな義務のうちの一つの義務に対する侵害が現実に起こってくるであろう。

むしろ良心は、このような諸々の異なった道徳的実体を抹殺する否定的な一者、言い換えれば、絶対的な自己である。

すなわち、良心は、このあるいはあの義務を果たすのではなく、具体的に諸々の正義を知り行うところの単一な、義務にかなった行動である。

したがって、およそ良心になって初めて、行動としての道徳的行為となるのである。（467）

e、純粋義務の実現

H（129）（道徳性が完成されて）良心となって初めて、自分の確信のうちに、（道徳性の）空虚な義務（純粋義務）や（法的状態の）空虚な法や（絶対自由の）空虚な一般意志とに対して（それらを充実させる）内容をもつのであり、しかもこの自己確信は直接的なものでもあるから、自己意識は現実に存在するものでもある。

だから、この道徳的自己意識は、自分の真理に到達した今では、自分自身の中にある「分離」を捨て去る、言い換えれば、それを止揚するのである。ここで「分離」というのは、自体（潜在的な在り方）と自己（顕在的な在り方）との分離のことであり、また純粋目的としての純粋義務とこの純粋目的に対立する自然や感性としての現実との分離のことである。

こうして自分に還帰した道徳的自己意識は、具体的な（分離を統合した）道徳的精神となっている。この精神は、（道徳的意識のように）純粋義務の意識の傍にあって現実意識に対立しているような空虚な尺度をもっているのではなく、（この精神にとっては）純粋義務もそれに対立する自然も止揚された契機である。したがって、この精神は、純粋義務と自然とが直接的に統一されているので、自己を実現する道徳的実在であり、その行動はそのまま道徳性の具体的な現れである。
（466）

f、承認の場（純粋義務）

H（130）良心を、その諸契機（自己と自体）の統一と意義において、詳しく考察するとすれば、道徳的意識は、自分をただ「自体」としてのみ、言い換えれば、ただ本質（実在）としてのみとらえるにすぎなかったが、良心としての道徳的意識は、自分の対自存在を、言い換えれば、自分の「自己」をとらえているのである。

（良心においては）道徳的世界観の矛盾は解消される。

すなわち、矛盾の基礎にある区別は何ら区別でないことを示しており、区別はその両項が集まって純粋否定性となるが、この純粋否定性こそ（良心の）自己であり、この自己は、（純粋義務）を知る純粋知であると同時に、自己をこの個別的意識として知るような単一の自己である。

したがって、この自己は、これまでは空虚であった（純粋義務という）実在の内容となるものである。

なぜならば、この自己は、現実的なものではあるが、この現実的なものはもはや実在に対して疎遠な自然、独自の法則に従う自立的な自然という意義をもっていないからである。この自己は、否定的なものだから、純粋実在の区別であり内容であるけれども絶対的に妥当する（形式としても妥当する）内容である。

更に言えば、この自己は、純粋な自己同一的な知だから端的に普遍的なものである。だから、この(自己の)知こそは、自分の個人的な知であり信念でありながら(普遍的に妥当する)義務である。

このような義務は、（道徳的意識の場合とは異なり）もはや自己（個別）に対立して現れてくる普遍的なものではない。

義務が、このように自己と対立して分離されているときには、義務として力をもたないことが知られている。今や、自己のためにあるのが掟（義務）であって、掟（義務）のために自己があるのではない。

しかしながら、掟と義務とは対自存在（自己に自覚されたもの）という意味をもっているだけでなく、自体存在（それ自体として存在するもの）という意味ももっている。

なぜならば、掟や義務を知ることは、掟や義務それ自体の存在を知っていることだからである。

この掟や義務のそれ自体は、意識の中にあるので、（意識と対象の関係として）対自存在（自己）との直接的な統一からは分離しており、意識に対立して（対象として）現れるので、この自体は（客観的）存在であり、対他存在である。

今や、まさに義務は、（対象として）自己から切り離された義務となっており（自立的なものではなくて）ただ（何かの）契機として意味をもつものであるにすぎないことを知っている。したがって義務は、絶対実在という意味を失って、自分ではなく、対自的ではない存在に格下げされており、そのため対他存在となっているのである。

しかしながら、この対他存在といえども、対自存在と同じく、依然として本質的契機であることは変わらない。なぜならば、自己は意識でもあるから、対自存在（自己）と対他存在（対象である義務）との対立を作りだすものである。

だから今や、（対他存在である）義務は、（意識の対象となり）直ちに現実的な義務となっているのであるから、もはや、ただ抽象的で純粋な意識にすぎないのではないからである。したがって、この対他存在（現実的義務）は、自己から区別された自体的に（本来的・潜在的に）存在する実体である。

良心は、純粋義務、言い換えれば、抽象的な自体（本来的・潜在的な形）を放棄してしまったのではない。

良心は、純粋義務を自分の本質的な契機とすることで、他人に対する関係を普遍的なものにするのである。この（純粋義務という）本質的な契機が、諸々の自己意識にとっての共同性の「場」であり、この「場」が、（良心の）行動が存立と現実とをもつ実体であり、他の人々によって「承認」されるという契機なのである。

（良心になる以前の）道徳的自己意識は、（他の人々によって）「承認」されているという契機、すなわち、「純粋意識」という契機をもっていないから、行動する自己意識ではなく、現実化している自己意識ではない。

この道徳的自己意識にとっての「自体」は、抽象的な非現実的実在（聖なる立法者・神）であるか、それとも精神的でない現実としての存在（自然・客体）であるかのいずれかである。

しかしながら、良心にとっての存在する現実とは、自己であるような現実である。すなわち、自分を意識しているような定在であり、「承認」されて存在するための精神的な「場」である。

したがって、行為は、ただ自分の個別的な内容を対象的な「場」に移すことにすぎず、その「場」においては、この個別的な内容は、普遍的になり「承認」されている。

内容が「承認」されていることで、その行動は現実になるのである。

行動が「承認」されることで現実的になるのは、定在する現実が信念ないし知（良心）と直接結び付いているからであり、言い換えれば、自分の目的について知ること（良心、信念）が、そのまま定在の「場」であり、一般的に「承認」されることだからである。

なぜならば、行動の本質とは義務のことであるが、この義務は、良心が義務についてもつ信念（義務を確信していること）のうちにあるからであり、この信念がまさに「自体」（良心の潜在的な形）そのものであり、したがって、この「自体」は潜在的に普遍的な自己意識である。

言い換えれば、「承認」されて存在することであり、現実だからである。それ故に、義務についての信念をもってなされた行為は、そのまま存立と定在をもつもの（現実）である。（良心においては）良い意図が実現されないとか善人が幸福でないというようなことは、もはや問題にはならず、かえって、義務として知られたことは実現されるのであり現実になるのである。

なぜならば、まさに義務にかなったものこそが、全ての自己意識にとっての普遍的なものであり、「承認」されたものであり、したがって、存在するものだからである。（468〜470）

M　カントのような「道徳的意識」においては、「純粋義務」こそが絶対の本質であり、道徳的行為は、この「純粋義務」に則って行わなければならなかったが、そもそも「純粋義務」という観念自体が思考上の空虚な抽象（内容のないもの）でしかないということから、道徳的な行為が実現することはなかった。

これに対してヘーゲルは、何が道徳的に正しいかは分からないのだという立場をとる。

何が正しいかをあらかじめ知ることはできないが、自分が「これが正しい（純粋義務である）」と「確信」して、その「信念」のもとに「行動」するとき、それが「良心」の行為である、とヘーゲルは言う。

ヘーゲルによれば、「良心」にとって本質的なことは、「自分の信じる正しさ（純粋義務）」を「行動」によって現実化することであった。

掟や義務について正しいと確信して行動したときには、その行動の「正しさ」は、他の人々によって「承認」されると言うのである。

掟や義務は、良心の自己にとって（対自的に）のみ存在しているのではなく、それ自体、客観的・

自立的に存在しているものである。

すなわち、掟や義務といった「純粋義務」は、各個人にとって（対自的に）、それ自身の普遍性・価値を有する存在であり、彼らの共同性の地盤をなすものである。

したがって、良心の自己が掟や義務について確信をもって行動することは、その掟や義務の普遍性・価値を承認している人々によって承認されることを意味している。

ヘーゲルの「良心」において、カントの「純粋義務」という抽象的な概念は、現実的になったと言えようか。

g、言葉

H（131）「言葉」は、他の人々に対して存在する自己意識であり、この自己意識は、直接的に自己意識そのものとして現存し、この自己意識でありながら普遍的な自己意識でもある。

「言葉」は、自分を自分自身から分離する自己であり、この自己は、純粋な「自我は自我である」として、自分にとって対象的（なもの）となり、この対象性においても、自分をこの自己として維持するとともに、また、直接的に他の人々と合流して彼らの自己意識でもある。

この自己は、他の人々によって聞きとられるように、自分を聞きとるのであり、この聞きとることこそ、まさに、自己となった定在である。（４７８〜４７９）

h、断言

H（132）「言葉」は、自立的で承認し合った自己意識同士の媒介項としてのみ現れるのであり「言葉」

に定在する自己は、そのままで普遍的で、多様であり、多様性にありながら、単一の承認された存在なのである。

「良心」の場合の「言葉」の内容は、自分が本質（義務）であると知っている自己である。

この自己だけを「言葉」が表現するのであり、この表現することが行為の真の現実であり行動が認められることである。

意識は、自分の信念を表現する。

この信念においてのみ行動は義務となるのである。

また、行動は、信念が表現されることによってのみ、義務として認められる。

この信念は、言葉のうちにおいて現実的となるのである。

行動を実現するということは、自分自身を直接的に確信するという形式から、義務を「良心」として自発的に知っているという「断言」の形式に移すことである。

この「断言」することは、自分自身で、自分の特殊性という形式を廃棄することであり、自己は「断言」することにおいて、自己の必然的な普遍性を承認しているのである。

このように自己が普遍的であるのは、行動の内容においてではない。

なぜならば、内容は規定されたものだから、本来どうでもよいものである。

むしろ、自己の普遍性は、行動の「形式」のうちにある。

この形式は、現実的なものとして定立されなければならないものであり、自己として「言葉」のうちに現実に存在している自己であり、自分を真なるものとして言明し、まさに、その言明することにおいて、あらゆる自己を承認し、また、あらゆる自己から承認される自己のことである。

こうして「良心」は、規定された掟と義務のあらゆる内容を越えた「至上権」を得て、自分の知と意志のうちに思うがままの内容を盛り込むのである。

「良心」は「道徳的天才」であり、この天才は、自分の直接的な知が告げる「内なる声が神の声」だと分かっているようである。

このように言明することによって、自己は認められるものとなり、行動は実現する行為となる。ところで、「良心」が言明することは、自分自身を確信することを純粋な自己として定立し、自己の行為を現実化し存立させるのは、普遍的な自己意識である。

これによって、普遍的な自己として定立するのである。

そこで、他の人々は、言明する自己の行動を、自己が本質として表現され承認されている言明の故に認めるのである。（479〜481）

i、行動する良心の悪

H（133）良心が行動するときには、対立のうちへ入り込むのであるが、その対立は、良心の内面では、それ自体としての存在（対自存在）と他者に対する存在（対他存在）との対立となり、普遍性ないし義務と義務から自分のうちに還帰した状態との対立となって現れる。

内面におけるこの対立は、良心の外面、すなわち、良心が定在する場においては、外に向かう不等となる。

つまり、他の個別者に対し、自らの個別者が等しくないことである。

この「行動する良心」の特殊性とは、良心の意識を構成する二つの契機である自己と自体との価値が（その意識の中では）等しくないということである。

しかも、自己自身の確信（自己）の方が本質で、自体ないし普遍的なものは（良心の）契機にすぎないものと意識されるのである。

（「行動する良心」においては、普遍的なものは本質的ではなく、個別的なものの方が本質的であるという）このような「行動する良心」の内面の規定に対しては、（良心の）実在的地盤ないし普遍的意識が対立する。すなわち、普遍的意識にとっては、普遍性ないし義務が本質であり、普遍性に対立して自分だけで存在する個別性はただ止揚されたもの（契機）にすぎないと意識されるのである。

このように義務に固執する普遍的意識から見ると、初めの意識（「行動する良心」の意識）は「悪」である。なぜならば、「行動する良心」の意識は、自己内存在（普遍性ないし義務から自己内へ還帰して存在していること）が普遍性と一致していないからである。

しかもこの意識は、自分の行為は自己自身と一致しており、義務や良心と一致していると言明するのであるから「偽善」でもある。（485）

j、判断する良心の悪

H（134）普遍的な意識が自分の判断に固執することは、（悪い意識・行動する良心の）偽善を暴くことにも、それを解体することにもならない。

普遍的な意識が、悪い意識に対して悪いとか下劣だなどと非難するときは、その判断においてこの意識は、悪い意識が自分の法則によりどころを求めるように、自分の法則をよりどころにしているのである。

なぜならば、普遍的な法則も悪い意識の法則に対立して現れ、これによって普遍的な意識の法則も一つの特殊な法則として現れることになるからである。

したがって、普遍的な意識の法則は、悪い意識の法則よりも少しも勝っているわけではなく、むしろ悪い意識の法則を正当化しているのである。このような普遍的な意識の判断に固執することが、自分がやりたいと思い込んでいることのまさに正反対のことをやることになるのである。

すなわち、この自分の判断に固執する意識は、自分が真実の義務と呼び普遍的に認められているはずのものを、承認されていないものとして示すことになり、これによって悪い意識に自立存在という普遍的な意識と同一の権利を認めることになるのである。

しかしながら、この判断（する意識）は、現存する対立の解消への導入となるという他の側面ももっている。判断する普遍的なものの意識は、行動する意識とは違って、現実的なものとしての、また、行動するものとしての態度をとるのではなく、――というのは、行動する意識の方が、むしろ現実的なものだからである。――そうではなくて、普遍的なものの意識は、行動すると入り込んでくるところの個別性と普遍性との対立にとらわれていない意識として、行動する意識とは反対の態度をとるのである。

普遍的な意識は、思考（観念）の普遍性（の世界）のうちに留まっており、（事態を）把握する意識としての態度をとるものであり、その最初の行動は、判断することでしかない。この判断によって、この意識は、たった今述べたように、今や行動する意識と（同格のものとして）並んで立つことになる。

そこでこの行動する意識は、普遍的な意識とのこの同一性によって普遍的な意識のうちに自分自身を直観するようになるのである。

なぜならば、義務の意識は、(事態を)把握する態度、受動的な態度をとるものであるが、しかしこういう態度をとることによって、この義務の意識は、義務の絶対的意志としての自分と、すなわち、端的に自発的に決定する自分と矛盾することになるからである。

この(判断する)意識は、自分を純粋さのうちに善として保っているが、これは、この意識が行動しないからである。

この(判断する)意識は、自分の判断が現実の行動と受け取られることを望むところの、そして行動による代わりに卓越した心情を吐露することによって誠実さを証明しようとするところの「偽善」である。

したがって、「判断する意識」も、義務は自分の発言のうちにしかないと非難される意識(行動する意識)と全く同じ性質のものである。(４８７)

k、行動の特殊性

H(135)具体的な行動というものは、それ自身のもっている多様性において様々であり、義務と受け取られるような普遍的な側面をもつものであると同時に、行動する個人の関与とか関心を構成するところの特殊な面をももつものである。

「召使にとっては、英雄というものはいない」(という諺がある。)

しかしながら、これは、英雄が英雄でないからではなく、召使が召使だからである。

英雄に関わり合う召使は、英雄を英雄としてではなく、食事をする人、飲酒する人、服を着る人として、英雄の欲望や考えの個々の事物に関わりあうのである。

同様に、「判断する意識」にとっては、いかなる行動にも普遍的な側面に対立する個人の個別性の側面があり、この「判断する意識」は、行動する者に対して道徳性という名の「召使」の役割を果たすことができる（すなわち、行動する者の日常の細々とした様子を見ることができる）のである。

このように、この「判断する意識」自身も下賤なものである。

なぜならば、この意識は、判断することで行動を分割して、意識自身と行動との同一でないことを生みだしそれに固執するからである。（４８８〜４８９）

1、良心の告白

Ｈ（136）「行動する意識」は（最初は）、「判断する意識」によって、ただ疎遠なものとして、また、自分と同一でないものとして理解されていたが（今は）、「判断する意識」もそれ自身の性質（この意識も、自分の判断が現実の行動と受け取られることを望み、また、行動の代わりに卓越した心情を吐露することによって誠実さを証明しようとする偽善的態度をとること）からすると、「行動する意識」と同一であることに気づいているのである。

「行動する意識」はこのように「判断する意識」と同一であることを直観し、それを言明することで、「判断する意識」に「告白」するのである。そして、「判断する意識」もまた、自分の言葉で応答し、その言葉において自分と相手との同一性を言明し、それによって、（相互の）承認が

生まれることを期待するのである。（489～490）

m、良心の対立

Ｈ（137）しかしながら、悪い意識（「行動する意識」）の「私がそうである（悪である）」という告白に対して「判断する意識」から同じ告白が返ってこないのである。

「判断する意識」には、そういう意図はなかった。

逆に、この意識は「行動する意識」との結び付きを突き放して、自分だけで存在し、他者との連続を拒絶するところの頑な心の持主なのである。

こうして場面は一変する。

「告白した意識」は、自分が突き放されたと気づき、相手が不正のうちにあることを知る。

この相手（「判断する意識」）は、自分の内面から言葉の定在のうちに歩み出ることを拒絶し、「悪」に対しては自分の「魂の美しさ」（Ｈ（138））を対立させるが、「告白」に対しては、自分の性格の頑固さを保持したままで、相手（「告白した意識」）に対して自分を投げ出すことをせず沈黙を守るのである。

したがって、ここに、「判断する意識」に対して、（この「判断する意識」も実は）自己自身（と同一であること）を確信している精神（「告白した意識」）の最高の反抗が出現するのである。

なぜならば、この精神（「告白した意識」）が他者（「判断する意識」）の中に直観するものは、単純に自己自身を知ることだからである。

しかも、この他者（「判断する意識」）の外に現れた形態は「物」ではない。

この（告白・行動する）精神に対抗している「判断する意識」も、思想であり知そのものである（したがって、「判断する意識」も「告白・行動する意識」も互いに精神であり人間なのであるから、両方の意識の間には、純粋な知の絶対的連続性があるのである）。しかるに、「判断する意識」の（まさに）純粋な知の絶対的連続性が、この（告白・行動する）精神と連続することを拒絶するのである。

――しかも、この（連続することを拒絶された）精神というのは、既に、この精神の告白において、自らの孤立した自立存在を断念したものであり、特殊性を廃棄してしまったものであるから、自分を他者と連続したものとして、すなわち、普遍的なものとして定立したものである（だから、この精神が最高の反抗を示すのは当然である）。

しかしながら、「判断する意識」の方は、自分の側では、他者と分かち合わない自分だけの自立存在を優先的に確保しており、この意識はまた、「告白した意識」の側において、その意識が既に投げ棄ててしまった（と言っている）自立存在をなおもちつづけている（と見なしている）のである、そのため、「判断する意識」は、精神に見捨てられた意識であり、精神を否定する意識であることが分かる。

なぜならば、この「判断する意識」が認識していないのは、精神というものは、自分自身を絶対的に確信しているものであり、あらゆる行為と現実を支配するものであり、行為や現実を投げ棄てて、それらをなかったものとする（赦しを与える）ことができるということである。

同時に、この「判断する意識」は、自分が犯している矛盾を認識していない。

すなわち、「判断する意識」は、「告白する意識」の言葉のうちに現れている（「告白する意識」

の自立存在を）投げ棄てたということを本当の投棄として認めないにもかかわらず、自分自身の方は、自分の精神の確信を現実の行動によって手に入れるのではなく、自分の内面（の美しさ）によって手に入れるのであるが、この内面（の美しさ）は、自分の判断という言葉のうちに現れるのだとしている。しかしこの判断の言葉は、（言葉のうちに現れる「投棄」は本当の「投棄」ではないとしながら、自分の精神の確信は、行動ではなく「内面の美しさ」によって獲得され、その「内面の美しさ」は、言葉のうちに現れると主張するのは、言葉に現れるものを一方では否定し他方では肯定することであり）「矛盾」であると言わなければならない。

しかるに、「判断する意識」は自分が「矛盾」を犯していることを認識していない。この「判断する意識」こそが、「告白した意識」が「行動」から言葉という精神的定在へ還帰することや、精神の同一性へ還帰することを妨害し、このような頑なな態度によって、両方の意識間の不同を存続させるのである。（４９０〜４９１）

n、美しい魂

H(138)「自分自身を確信している精神」（良心）も「美しい魂」という形をとるときには、自分自身を知ることを大事にし、この知を外化（表現）する力をもっていない。

そのため「美しい魂」は、突き返された意識（「告白した意識」）との同一性に達することはできず、他者（「告白した意識」）のうちにおいて自分自身との統一を直観する、すなわち他者のうちに定在するようにはなりえないのである。

したがって、他者との同一性が実現するのは、ただ否定的にのみ、すなわち、精神を欠いた存在（死）としてである。

この現実性を欠いている「美しい魂」は、純粋自己と自己を存在へと外化し現実のうちに転換せざるをえないという自己の必然性との「矛盾」のうちにあり、この「矛盾」という固定された対立の直接態のうちにあるのである。

――この直接態だけが、純粋な抽象にまで高められた対立を媒介し和解するものであり、純粋な存在あるいは空虚な無である。――

したがって、この「美しい魂」は、意識の和解されていない直接態のうちにある「矛盾の意識」として錯乱して狂気に陥り、待ち焦がれた肺結核（による死）の中に溶けて消えていくのである。（491）

M

「行動する良心」に対して、内面の純粋さを保つために「行動」を避ける精神が「美しい魂」と言われるものであるが、「美しい魂」というネーミングは、ヘーゲルと同時代のゲーテやシラーの作品中に見いだされるものである。

ヘーゲルが、「美しい魂の憧憬は、ノヴァーリスの著作の中に現れる」（『哲学史』第三部第三節）と記しているノヴァーリス（一七七二年～一八〇一年）は、ロマン主義の詩人であり思想家であるが、彼は29歳の若さで肺結核により死去した。

「美しい魂が肺結核（による死）の中に溶けて消えていく」というヘーゲルの表現は、ノヴァーリスの肺結核による死を意味していると言われている。

O、和解と承認

H(139)(「行動する良心」と「判断する良心」との)真の同一化、すなわち、自己意識を伴って実在している同一化は、その必然性に従って先述した中に既に含まれている。

(「判断する良心」の頑な心を砕きその心を普遍性へと高めることは、「自分自身を告白した意識」において現れたことと同じ運動である。精神の傷は、傷痕を残さずに治るものである。

行為というものは、不滅のものではなく、精神によって自分のうちに引き戻される(取り消される)ものであり、(「行為する意識」の)行為につきまとう個別性の側面は、それが行為の意図であるにせよ、あるいは、行為が現実に行われるための否定性や制限であるにせよ、直ちに消失していくものである。

現実化しつつある自己、つまり、自己の行動の形式は、(良心としての道徳的精神)全体の一契機であるにすぎず、やはり、判断によって規定する知も行動の個別的側面と普遍的側面とを固定的に区別する知も同様に全体の一契機にすぎない(したがって、「行動する意識」も「判断する意識」も自分の自立存在を放棄し、自分を全体の契機としなくてはならないのである)。

ところで、あの「悪」(である「行動する意識」)はと言えば、自分を外化し放棄したのであり、言い換えれば、自分を契機として定立し他者のうちに自分自身を直観することによって告白し定在へと誘い出されたのである。

しかしながら、その他者(「判断する意識」)にとっては、「行動する意識」が一面的で特殊な自立存在という承認されていない定在を砕かねばならないように、自分にとっても一面的で承認されていない判断を砕かねばならない。

こうして、「行動する意識」が自分の行動の結果としての現実を支配する精神の威力を示すように、「判断する意識」も自分の規定された概念（善悪の区別にこだわる概念）を支配する精神の威力を示すのである。

「判断する意識」は、善悪を分別する思想とこの思想に固執している自立存在の頑さとを断念するのであるが、この「判断する意識」は、実際には「行動する意識」の中に自分自身を直観しているからである。

「行動する意識」は、自分の現実を投げ棄て、自分を止揚されたものとすることによって、実際には自分を普遍的なものとして示すのである。すなわち、「行動する意識」は、自分の外面的な現実態から本質としての自分のうちへと還帰するものであり、したがって、普遍的な意識（「判断する意識」）も、この本質としての「行動する意識」のうちに自分自身を認識するのである。

——普遍的な意識（「判断する意識」）が「行動する意識」に「赦し」を与えたが、それは、普遍的な意識（「判断する意識」）が自分を放棄すること、すなわち、自分の非現実的な在り方を放棄することである。

普遍的な意識（「判断する意識」）は、現実的な行動であった「行動する意識」を自分の非現実的な在り方と同等に扱い、「行動する意識」の行動が（普遍的な意識（「判断する意識」）の善悪を分別する）思想のもつ規定によって「悪」と呼ばれていたものを「善」と認めるのである。

言い換えれば、「行動する意識」が行動を自分だけで規定することを止めたように、普遍的な意識（「判断する意識」）の方でも、（善とか悪という）規定された思想がもつ区別と自分だけで規定する判断とを止めるのである。

「和解」という言葉は、現存する精神のことである。

（今や）この精神は、自分自身が普遍的な本質（実在）であることを純粋に知っているのであるが、そのことを、それとは正反対のもののうちにおいて知っているのである。

すなわち、自分が絶対的に自分のうちに存在している個別性であると純粋に知ることのうちに直観するのである（自らを普遍的な実在ととらえる純粋知が同時に絶対の個別的存在と捉える純粋知でもある）。

――（したがって、「和解」という言葉は）絶対的精神であるような相互に承認し合うことである。（491～493）

M『精神現象学』の実質的な終章である「良心」のクライマックスは、「行動する良心（意識）」と「判断する良心（意識）」との対立と和解である。

自分が正しいと信じることを行動に移すことが善であるという信念に基づく「行動する意識」と、この意識の行動は、不確かな自己確信と利己的な動機によるものであるから「悪」であり、行動は普遍的な信念に基づくものでなければならない（だから内面の心情を大事にして自らは行動しない）とする「判断する意識」とが対立する。

だが、二つの意識（良心）は互いに弱みをもっている。

「行動する意識」は、自分の行動は自分が正しいと信じるからその行動をとると言うのだが、その信念の正しさが証明（他者によって承認）されているのではない。

その点では、「判断する意識」の批判は当たっている。

一方「判断する意識」は、行動は普遍的な信念や純粋な動機に基づかなければならないと主張し自己の「魂の美しさ」を最大限に尊重するのであるが、現実に行動することはない。

いかに内面の信念や動機が純粋で美しくあろうとも、それが実現（行動）されなくては何の価値もないであろう。

二つの意識は、ともに「矛盾」を抱えているのである。

先述したように、ヘーゲルは、何が道徳的に正しいかは分からないという立場をとる。

ヘーゲルは、二つの意識を「対等」に扱っているのではなく、まず「行動する意識」に「行動」させる。

金子武蔵氏は『精神の現象学』において、この二つの意識は「支配関係」すなわち、「主（人）奴（召使）関係」にあり、「行動する意識」は「一種の奴（召使）」、「判断する意識」は「一種の主人」であると解説する。（同書　下巻　１３２４頁）

「行動する意識」は、自分の行動は不確かな信念に基づくものであるから「悪」であると認めて、そのことを「告白」する。

しかし同時に「行動する意識」は、「判断する意識」に対して、この「判断する意識」は自分の「判断」が現実の行動と受け取られることを望んでおり、行動の代わりに心情を吐露することによって誠実さを証明しようとしているが、その「判断」も「心情」も正しい（普遍性がある）という保証はないという点では、「行動する意識」と同じではないか、そのことを「判断する意識」が認めることを期待して「告白」したのだと主張したのである。

しかしながら、「判断する意識」は、自分が「行動する意識」と同じであることを認めない。

そこで、「行動する意識」による「最高の反抗」が始まるのである。

二つの意識が同一であることについて「行動する意識」が掲げた理由は三つある。
一、二つの意識は共に、自ら知ること、すなわち、何が正しい（善）かについての知（考え）であること。
二、二つの意識は、いずれも「物」ではなく「精神」であり「人間」であるから、両者の間には「連続性」があること。
三、二つの意識は、良心としての道徳的精神全体を形成する「契機」（要素）であること。
したがって、二つの意識は互いに自分の「特殊性」を放棄して良心全体の「契機」（要素）とならなければならない。

結局、「行動する意識」が「行動」を自分勝手に決めることを放棄したように、「判断する意識」の方でも、規定された思想がもつ善悪という区別を勝手に決める「判断」を放棄する。

そして、「判断する意識」は、「行動する意識」のうちに認めていた「悪」を自分のうちにも認めることによって、「行動する意識」に「赦し」を与えるのである。

こうして、対立するもの同士が「和解」し「相互承認」が成立する。

「相互承認」とは、対立する二つの意識が同一化することであり、二つの意識の間の支配関係が消失することである。

この「相互承認」が成立するまでの過程を経て、言い換えれば、対立とその克服という精神の運動を経ることによって、自らが何であるかを知る（完成した）精神――絶対精神――が現れる。

ここに精神は最高の段階に達したのである。

p、「絶対精神」（絶対知）の登場

H（140）「絶対精神」が定在として現れるのは、自分自身についての純粋な知が、（一方では）自分自身と対立し、（他方では自分自身と）交替する（知の）頂点においてのみである。

（まず対立について述べると）この精神は、自分の純粋な知（自己確信）が抽象的（一面的）な実在であることを知っているときには（「判断する良心」であるときには）、（この精神が知っているのは純粋）義務のことであるから、自己という絶対的な個別態である自分を本質であると思い込んでいる知（「行動する良心」）とは絶対的に対立している。

前者（純粋な知）は、普遍的なもの（「判断する良心」）の純粋な連続である。

この普遍的なものは、自己を本質だと思い込んでいる個別態は本来的には無なるもの、すなわち「悪」であると知っている。

しかしながら、後者（自己を本質とする知）は、絶対的な断絶である。このものは、（自分は）純粋な一者であって絶対的なものであり、あの普遍的なもの（「判断する良心」）を非現実的なもの、ただ他者に対してのみあるものにすぎないと思い込んでいる。

両方の側面はいずれも、このような純粋態にまで浄化されており、この純粋態のうちにおいては、自己を欠いた定在も、意識にとって否定的なものも一切なくなっている。

純粋な知の「義務」は、自分自身を知るものの自同性を保つ性格のことであり、後者である「悪」の方もやはり、自分の目的を自己内存在（個別性）のうちにもち、自分の現実をその言葉のうちにもっている。

この言葉の内容は、「悪」が存立するために必要な実体であり、言葉は精神が自分自身のうちにおいてもつ確信を断言したものである。

（次に交替の方を見ることにすると、）「自分自身を確信している精神」である両者はいずれも、自分の純粋な自己以外の他の目的ももっていないし、また、まさにこの純粋な自己以外の他の実在性も定在ももっていない（両者は同じなのである）。

しかしながら、両方の精神は、まだ相違しており、しかもこの相違が絶対的なのである。なぜならば、この相違は純粋な概念という場のうちに定立されているからである。

さらに、これらの相違が絶対的なのは、我々（哲学者）に対してのみあるのではなく、対立しあっている両方の概念自身に対してもあるのである。

というのは、これらの両概念（精神）は、確かに互いに対しては限定されている概念なのだが、しかし同時に、それ自体としては普遍的な概念、個別によって制約されない概念でもあるのであるから、これらの概念はそれぞれ自己の全範囲を満たしており、また、この自己は自分の限定以外の他の内容をもっていないし、この限定は自己を越えてもいなければ自己よりも制限されてもいないからである。

なぜならば、一方の限定である絶対に普遍的なもの（の連続）は、他方の限定である個別性の絶対の断絶と同じように、純粋に自分自身を知ることであり、両方の限定は共に純粋に自分を知ることにすぎないからである。

したがって、両方の限定は共に知ることの純粋概念であり、概念それぞれの限定自身が直ちに知ることであり、言い換えれば、これらの概念間の関連と対立とを担うのが「自我」である。

これによって、両方の限定は、(「自我」として)互いに他に対して端的に正反対のものである(このことを意識するようになったのである)。

このように、完全に内なるものが、自分自身と対立し、定在(外界)へと歩み出てきているのである。純粋知を形成しているのが、(普遍的なものと個別的なものという)これらの限定であるが、この知が両者の対立によって「意識」という形で現れているのである。

だが、この純粋知は、まだ「自己意識」ではない。

この純粋知は、両者の対立(による交替)の運動の中で「自己意識」になる。

なぜならば、この対立は、(対立というよりも)むしろそれ自身、「自我は自我である」という断絶のない連続性であり同一性だからである。そして各々の「自我」は、純粋な普遍態でありながら同時に他方の「自我」との同一性に逆らい、他方の「自我」から離れるというまさにこの矛盾によって、各々の「自我」は、自分自身において自分を止揚する(告白し赦す)からである。

この外化(告白・赦し)によって、定在において(二つの「自我」に)分裂していた知は、自己という単一者に還帰する。

知は現実の「自我」となり、自分にとって絶対に正反対のもののうちにおいて、すなわち、自己内に存在する(個別性のうちにある)知のうちにおいて自分自身を普遍的に知るものとなるのである。

この自己内に存在する知は、(普遍的なものから)孤立した自己内存在(個別性)の純粋さの故に、かえってそれ自身は完全に普遍的なものである。

両方の「自我」が対立する定在であることを止めるときに発せられる「和解」の「同意」という言葉は、二極（普遍と個別）にまで延長された「自我」が現存していることを表しているのである。

この両極においても「自我」は自己同一を保ち、自分の完全な外化と対立のうちにあっても自分自身を確信しているのである。

この「同意」の言葉は、自分を純粋知と知っている両方の「自我」の真ん中に現れる神である。（４９３～４９４）

M　精神は、絶対精神（絶対知）の登場をもって、その遍歴の旅を終えるのであるが、『精神現象学』では、「絶対知」の章の直前に「宗教」の章が置かれている。しかしながらこの「宗教」の章は、いわば精神の遍歴の宗教版とも言うべきものであるから、本書においては割愛した。

第五章　絶対知

第五章　絶対知

一、絶対知の本性

Ｈ（141）精神の最終形態としての精神は、その完全で真実の内容に自己の形式を与え、それによって自分の概念を実現するのであるが、その実現においても自分の概念のうちにとどまるような精神である。

この精神が「絶対知」である。

「絶対知」は、自分を精神の形態において知る精神である。

言い換えれば、「絶対知」は、概念的に把握する知である。

（客観的な）真理は、（宗教におけるように、主観的な）確信と潜在的に完全に等しいだけでなく、自己確信という形態をも具えている。

真理は定在になっており、知る精神に対しても自分自身を知るという形式をとっているのである。

真理は、宗教においては、自己確信とはまだ等しくない内容をもつのであるが、しかし、内容と確信が等しくなるのは、内容が自己という形態を獲得したときである。

そうなることによって、本質そのものが定在の場に現れ、意識の対象となっている。

このように、本質でありながら定在でもあるものが「概念」である。

この「概念」という場において、意識に現象している精神、あるいは、ここでは同じことであるが、このような場において、意識によって生みだされた精神が「学」（学問、科学）である。

したがって、このような「絶対知」の本性、諸契機そしてこれらの間の運動が明らかにしたことは、「絶対知」は、自己意識の純粋な自立存在であり自我である。

しかし、自我といっても、この自我であり、言い換えれば、他のいかなる自我でもなく、直ちに媒介されてもいる自我であり、さらに言い換えれば、止揚された普遍的な自我であるということである。

「絶対知」は、自分から区別される内容をもっている。

なぜならば、「絶対知」は、純粋な否定性、言い換えれば、自分を両項へ分裂させるものだからである。

「絶対知」は、意識である。

「絶対知」の内容は、「絶対知」から区別されるときでさえ自我である。

なぜならば、この内容は、自己を止揚する運動であり、言い換えれば自我と同じ純粋な否定性だからである。

自我は、自分から区別されたものとして、内容においても自分のうちに還帰しており、内容は、自我が自分の他的存在のうちにおいても自分自身のもとにあるということによってのみ、概念的に把握されているのである。

この内容は、もっと明確に述べられるとすれば、つい先ほど言い表された運動そのものに他ならない。

なぜならば、この内容は、自分自身を遍歴し、しかも、精神として自覚的に遍歴するのは、精

神が対象に関わるときも概念の形態を具えているからである。（582〜583）

二、精神の生成の歴史

H（142）（精神の生成は、「空間」において生成される「自然」と「時間」において生成される「歴史」であるが、「歴史」の生成について考察すると）精神の生成の歴史は、知を伴って精神を媒介しつつ行われる生成である。それは、「時間」のうちに外化された精神であるが、このような外化は、外化そのものを外化することでもある。

言い換えれば、自分を否定するような否定である。

この生成過程が表しているのは、様々な精神についての緩やかな運動であり継起である。それは、多くの絵からなる画廊であり、それらの一つ一つの絵が精神の完全な富によって飾り付けられているので、動きは緩やかになるのである。

なぜならば、自己が自分の実体の富の全てを貫き通して消化しなければならないからである。（目標である）精神の完成とは、精神が、自分が何であるかを、すなわち、自分の実体を完全に知ることであるが、これを知るということは、精神が自分の中へ入っていくことである。

そのとき、精神は、自分の定在を捨て、自分の形態を内面化（記憶・想起）に委ねる。

精神が自分の中へ入っていくことにより、精神は自己意識の闇に沈み込んでいるが、精神の消失した定在はこの闇の中に保存されているのである。

この止揚（否定と保存）された定在――以前の定在ではあるが、知から生まれたばかりのもの――は、新しい定在であり、新しい世界であり、新しい精神の形態である。

この新しい形態においても、精神は、無邪気に最初からもう一度その直接態から始めて、そこから再び自分を教育しなければならない。

それはあたかも、精神にとっては、先行する全てのものは失われており、この精神は、これまでの諸々の精神の経験からは何ひとつ学ばなかったかのようである。

しかしながら、内面化する（記憶する・思い出す）ことは、それらの形態を保存したことであり、そして、内なるものであり、実際には、実体の一段と高い形式である。

したがって、精神の形成（教養）が自分から始まるように見えながら、再び最初からやり直すとしても、より高い段階でやり直しているのである。

このようにして、定在の世界のうちに形成される「精神の国」は、一つの継起を形作っており、そこでは、一方は他方にとって代わり、各々の精神は、先行する精神からその精神の世界を引き継いだのである。

この「精神の国」の継起が目ざす目標は、精神の深淵を明らかにすることであり、そして、この精神の深淵が「絶対概念」である。

したがって、精神の深淵を明らかにすることは、精神の深淵を止揚（否定と保存）することであり、言い換えると、精神を広げることであり、自己内に存在する自我を否定することである。

自己内に存在する自我を否定することは、精神を外化（定在化）すること、言い換えると、精神を実体（定在）にすることである。

すなわち、精神の深淵を明らかにすることは、精神を広げると同時に、この広がりという精神の外化が、自分自身において自分を外化すること（自分の外化を放棄し自分自身を取り戻すこと）であり、自分の深淵において、自己のうちにあるという意味で、精神の時間でもある。

この（精神の継起の）目標である絶対知、言い換えれば、自分を精神と知る精神（絶対精神）は、目標への道程において、様々な精神がどんなものであったか、また、これらの精神の国をどのように組織したのかについての思い出をもっている。

これらの精神を保存することを、偶然性の形式において現象してくる自由な定在という側面から見れば「歴史」であるが、概念的に把握された組織という側面から見れば「現象している知の学」（精神現象学）である。

両者を合わせたものが、概念的に把握された歴史であるが、両者は、絶対精神の思い出であり刑場である。

言い換えると、絶対精神の玉座の現実性、真理性そして確実性であるが、この玉座がなければ、絶対精神は、生命のない孤独なものであろう。

様々な精神の国の聖杯からのみ精神は無限に泡立つ。（５９０〜５９１）

完

あとがき

どうやら私は、役に立たないもの、役に立たないことが好きな、役に立たない人間のようだ。

役に立つ知識や技能を学ぶはずの「法学部」の学生になったものの、本命の法解釈学にはなじまず、役に立ちそうもない哲学や思想の世界にのめり込んでしまった。

「民事訴訟法」という民事裁判の煩瑣な手続きを定めた退屈な法律の試験のときのことである。私は法解釈学には興味がなかったが、何故か、「民事訴訟法」の無機質な論理の世界には惹かれるものがあった。

試験問題は、「〇〇について論ぜよ」式のものだった。

〇〇について書けない訳ではなかったが、自分の関心があったテーマである「法実証主義（実定法だけを法と認める立場）批判」について書くことにした。

答案用紙の裏まで使ってびっしり書き提出した。

数日して、担当のY助教授から呼び出しがあった。

てっきり「ふざけている」と叱られることを覚悟して研究室を訪れると、Y助教授は、「こんな答案を書く学生はどんな人物だろうと思って来てもらった。問題に対する解答にはなっていないが、内容は面白かった」と言って「優」をくれた。

昔の教師はエラかった（？）。

どうして、役に立たない哲学や思想などに興味をもってしまったのか、時々考えることがある。

確かに学生の頃は、現実的なものに殆ど関心がなかった。大袈裟に言えば、観念の世界に住んでいた。

現実を認めないような生き方、言い換えれば、現実を「否定」する生き方にこだわっていたのかもしれない。

今でこそ、そういう癖は薄らいだものの、まだ幾分残っているようだ。

人間はなかなか変わらない。

我が師ヘーゲルによれば、「否定」という「精神」の働きは、「精神」の重要な契機である。

現実を「否定」する癖のあった私は、いずれヘーゲルの網にかかる運命にあったのであろう。

ヘーゲルについて何か書いてみたいという思いは、学生の頃からあった。それが、このような形で叶えられたのは、ひとえにいつも温かい励ましの言葉をかけてくださった郵研社社長の登坂和雄氏と、読みにくい手書きの原稿を丹念に読んでくださり、的確なアドバイスをしてくださった編集者の原田淳子氏のおかげである。お二人に心から御礼申し上げます。

二〇一八年（平成三〇年）　三月二一日

溝口龍一郎

〈参考文献〉

一、『精神現象学』の翻訳

（一）英訳

『HEGEL'S PHENOMENOLOGY OF SPIRIT』　A.V.Miller (Translator)
Oxford University Press　1977

（二）和訳

『ヘーゲル精神現象学』（世界の大思想 第12巻）　樫山欽四郎訳　河出書房新社　１９６６
『精神現象学序論』（世界の名著 第35巻）　山本信訳　中央公論社　１９６７
『精神の現象学』（ヘーゲル全集 第4巻、第5巻）　金子武蔵訳　岩波書店　１９７６
『精神現象学』　長谷川宏訳　作品社　１９９８
『ヘーゲル精神現象学』　牧野紀之訳　未知谷　２００１

二、『精神現象学』全般

『ヘーゲル精神現象論』（大思想文庫 第21巻）　矢崎美盛著　岩波書店　１９３６
『ヘーゲル精神現象学の生成と構造』　イポリット著　市倉宏祐訳　岩波書店　１９７３

『ヘーゲルの精神現象学』 金子武蔵著 以文社 1973
『ヘーゲル読解入門 「精神現象学」を読む』 コジェーヴ著 上妻精・今野雅方訳 国文社 1987
『ヘーゲル「精神現象学」』(ハイデッガー全集 第32巻) ハイデッガー著 藤田正勝訳 創文社 1987
『ヘーゲル哲学研究』(『精神現象学』特集) 第12巻〜第14巻 こぶし書房 2006〜2008
『理想』第679号 (特集 ヘーゲル『精神現象学』) 理想社 2007
『現代思想』Vol.35-9 (総特集ヘーゲル『精神現象学』二〇〇年の転回) 青土社 2007

三、伝記

『知られざるヘーゲル ヘーゲル思想の源流に関する研究』 ドント著 飯塚勝久・飯島勉訳 未来社 1980
『ヘーゲル伝』 ローゼンクランツ著 中埜肇訳 みすず書房 1983
『ヘーゲル伝 哲学の英雄時代』 アルトハウス著 山本尤訳 法政大学出版局 1999
『ヘーゲル伝』 ドント著 飯塚勝久訳 未來社 2001
『ヘーゲル 生涯と著作』 フルダ著 海老澤善一訳 梓出版社 2013

四、個別事項

『旧約聖書』 日本聖書教会訳 1995
『新約聖書』 新改訳聖書刊行会訳 1970

参考文献

『アンティゴネー』 ソポクレース著 呉茂一訳 岩波文庫 1961
『ラモーの甥』 ディドロ著 本田喜代治・平岡昇訳 岩波文庫 1964
『社会契約論』 ルソー著 桑原武夫・前川貞次郎訳 岩波文庫 1993
『純粋理性批判』 カント著 高峯一愚訳 河出書房新社 1965
『ヘーゲル全集』 金子武蔵他訳 岩波書店 1995〜2001
『ヘーゲル初期哲学論集』（平凡社ライブラリー） 村上恭一訳 平凡社 2013
『哲学入門』 ヘーゲル著 武市健人訳 岩波文庫 1952
『大論理学』第1巻〜第2巻 ヘーゲル著 寺沢恒信訳 以文社 1977〜1983
『経済学・哲学草稿』 マルクス著 城塚登・田中吉六訳 岩波文庫 1964
『資本論 （第一部）』（世界の大思想 第18巻） マルクス著 長谷部文雄訳 河出書房新社 1964
『哲学ノート』 レーニン著 松村一人訳 岩波文庫 1975
『知られざるスターリン』 ジョレス・メドヴェージェフ他著 久保英雄訳 現代思潮新社 2003
『はじまりのレーニン』 中沢新一著 岩波現代文庫 2005
『ヘーゲル用語事典』 岩佐茂他編 未来社 1991
『ヘーゲル事典』 加藤尚武他編 弘文堂 1992

〈著者プロフィール〉

溝口龍一郎
1941年　東京生まれ

九州大学法学部在学中は、本命の法解釈学よりも哲学や思想の世界に関心をもち、ヘーゲル、マルクス、ドストエーフスキーなどを好んで読む。
卒業後は、公務員として仕事をする傍ら、ヘーゲルの作品に親しみ、10年近くの歳月を費やして『精神現象学』を翻訳した。
これが、本書のベースとなった。

著書　『リーダーの精神』（郵研社）など

ヘーゲル『精神現象学《せいしんげんしょうがく》』の世界《せかい》

2018年5月12日　初版発行

著　者　**溝口　龍一郎** ⓒ Ryuichirou Mizoguchi
発行者　**登坂　和雄**
発行所　株式会社　郵研社
〒106-0041　東京都港区麻布台3-4-11
電話（03）3584-0878　FAX（03）3584-0797
http://www.yukensha.co.jp
印　刷　モリモト印刷株式会社

ISBN978-4-907126-16-2　C0010
Printed in Japan